# MIT DER KRAFT DES MONDES

DEIN MAGISCHER BEGLEITER FÜR MEHR ENERGIE UND INSPIRATION IN JEDER MONDPHASE

ALISON DAVIES

Mit Illustrationen von
Anastasia Stefurak

Aus dem Englischen
von Janika Krichtel

KNESEBECK

# INHALT

# EINLEITUNG

Wir betrachten ihn staunend, blicken hinauf zur perlmuttfarbenen Schönheit des Mondes. Wir grübeln über seine Phasen, über die sanfte Anmut, mit der er vor unseren Augen immer wieder seine Form verändert. Wir sinnieren über seine Kraft und lassen uns von seinem sanften Schein inspirieren. Wir erzählen uns Geschichten und schaffen Mythen, in denen wir beschreiben, welche Bedeutung er für uns hat, und wir schreiben ihm Bedeutungsebenen zu und versuchen, ihn in künstlerischer Form seine Essenz einzufangen. Wir sind sogar zu ihm hinaufgeflogen. Die Präsenz des Mondes ist in unserer Psyche tief verwurzelt, denn er war schon immer da. Seit Anbeginn der Zeit hat er seinen Platz am Himmel inne und hilft dabei, die Welt, in der wir heute leben, zu formen. Von machtvollen Mondzyklen bis hin zu Ebbe und Flut: Der Einfluss des Mondes ist stärker, als sich die meisten vorstellen können.

Das Mondlicht, das tatsächlich die Reflexion des Sonnenlichtes ist und nichts, was auf natürliche Weise vom Mond ausgeht, sorgt nicht nur für romantische Stimmung, es hat auch einen außergewöhnlichen Effekt auf die Fortpflanzung und die Orientierung lebender Organismen. Der afrikanische Mistkäfer ist hierfür das beste Beispiel: Er nutzt das polarisierte Licht des Mondes, um sich in einer geraden Linie fortzubewegen, was ihm gegenüber Raubtieren einen Vorteil verschafft und ihm hilft, auf dem schnellsten Weg sein sicheres Zuhause zu erreichen. Der spektakuläre Anblick der am Great Barrier Reef laichenden Korallen ist auch auf gewisse Weise ein Mondereignis, da es sich immer zu Vollmond ereignet und sogar aus dem Weltall zu beobachten ist. An den Gezeiten lässt sich am deutlichsten erkennen, wenn die Macht des Mondes am Werk ist. Die Anziehungskraft des Mondes verursacht Flutberge und Ebbtäler in den Ozeanen der Erde, wodurch das Wasser sich hebt und senkt und wir im Laufe des Tages Ebbe und Flut beobachten können.

Unsere Urahnen hießen die magische Macht des Mondes willkommen, verinnerlichten sie und führten unterschiedliche Riten und Rituale aus, um die Energie jeder einzelnen Phase für sich nutzbar zu machen – Praktiken, die auch heute noch gelebt werden. Selbst Wissenschaftler:innen sind sich heute einig, dass der Mondzyklus Schlafstörungen und Stimmungsschwankungen verursacht, was unseren Alltag beeinflussen kann. Vor diesem Hintergrund ist es nur logisch, dass wir uns mit der Kraft des Mondes verbinden und mit seinen Phasen arbeiten. Wir können uns den Energiefluss zunutze machen und neue Gewohnheiten und Rituale schaffen, die nicht nur unser Wohlbefinden steigern, sondern uns ebenso in vielen weiteren Bereichen helfen. Sie können unsere Fantasie und Kreativität anregen, unsere Intuition schärfen und uns selbstbewusster machen, wo auch immer wir uns im Kreislauf des Lebens gerade befinden mögen.

Dieses Buch zeichnet den Verlauf des Mondes und seinen Weg durch die einzelnen Jahreszeiten nach. Es enthält monatliche Höhepunkte und besondere Aspekte des Mondes, nach denen du dich richten und mit denen du deinen Tag bereichern kannst. Es befasst sich mit Mondmythen und Mondmagie aus aller Welt und bietet einen mystischen Einblick in die vielen Facetten des Nachtgestirns. Neben monatlichen Zaubersprüchen zu Neumond- und Vollmondritualen lernst du auch etwas über Mondgottheiten und über den Volksglauben wie auch den Aberglauben, die den Mond zu einem festen Bestandteil im menschlichen Dasein gemacht haben. Am Ende des Buches findest du außerdem noch einen Mondphasen-Kalender für die nächsten Jahre, in dem jede Phase für die einzelnen Monate abgebildet ist, sodass du dir genau die Tage heraussuchen kannst, die sich am besten dazu eignen, an der Umsetzung deiner persönlichen Ziele zu arbeiten.

Der Einfluss des Mondes auf die Erde ist deutlich sichtbar, doch der Effekt, den er auf dich haben kann, ist noch viel wundersamer. Es spielt dabei keine Rolle, wer du bist oder in welcher Situation du dich befindest, wenn du dich mit Herz und Verstand dem Mond öffnest, gewährst du seinem Zauber Einlass in dein Leben. Du badest im Glanz seines Scheins und erlaubst dir selbst, zu erstrahlen. Tritt also ins Licht, mach dir seine Kraft zu eigen und betritt deinen persönlichen Pfad durch das Mondjahr.

# DER MONDZYKLUS

Der Mond reflektiert Licht. Je nachdem, wo er sich gerade befindet, wenn er die Erde umläuft, wird ein anderer Teil seiner Oberfläche von der Sonne beleuchtet. Während er sich bewegt, haben wir je nach Lichteinfall eine andere Sicht auf ihn. Wird das Licht von der Seite, die der Erde abgewandt ist, reflektiert, sehen wir ihn überhaupt nicht – das ist die Phase des sogenannten »Neumonds«. Wenn es auf die der Erde zugewandte Seite trifft, erleben wir einen »Vollmond«. Im Laufe eines Monats erblicken wir unterschiedliche Teile der Mondoberfläche, was als »Phasen« bezeichnet wird.

Zu Beginn befindet er sich in einer Phase voller Dunkelheit, die als Neumond bezeichnet wird. Hieran schließt die Phase des zunehmenden Mondes an, in welcher der Mond langsam wieder zu erkennen ist, erst als ganz schmale und dann immer größer werdende Sichel. Darauf folgt das erste Viertel und dann als der zunehmende Dreiviertelmond, wenn das Nachtgestirn immer deutlicher sichtbar wird, bis schließlich der Vollmond zu erkennen ist. Ab diesem Moment nimmt er wieder ab, geht über in die Phase des abnehmenden Mondes, die des dritten Viertels und dann in den abnehmenden Halbmond. Letztlich verschwindet er langsam wieder in der Dunkelheit. Die kurze Zeit vor dem Neumond nennt sich Dunkelmond.

Wir Menschen wurden lange von der Kraft des Mondes und dem Sog der Gezeiten beeinflusst. Im Volksglauben und in der magischen Tradition besitzt jede Mondphase eine spezielle Energie, die wir uns zunutze machen können:

### NEUMOND

Jetzt ist die Zeit, Pläne in die Tat umzusetzen, die Saat der Zukunft zu säen und einen Neubeginn zu wagen. Der Neumond ist die perfekte Phase, um reinen Tisch zu machen und ein neues Kapitel im Leben aufzuschlagen. Sei mutig und abenteuerlustig, um diese positive Energie voll auszukosten!

## ZUNEHMENDER MOND

Ein zunehmender Mond ist der ideale Zeitpunkt, um Schwung zu holen. Sei es, um ein angestrebtes Ziel zu erreichen oder sich selbst auf andere Weise zum Ausdruck zu bringen. Diese Mondphase kann dir dabei helfen, weiterzukommen und erfolgreich zu sein.

## VOLLMOND

Der Mond befindet sich auf dem Höhepunkt seiner Kraft – ein guter Zeitpunkt, die eigene Macht auszuüben. Entfessle für alle sichtbar dein Potenzial und zeige, wer du bist. Du bist jetzt in der Lage, deine Intuition und Vorstellungskraft zu nutzen, weshalb dies der ideale Zeitpunkt ist, um kreativen Aktivitäten nachzugehen.

## DUNKELMOND

Dies ist eine Phase der Reflexion und der perfekte Zeitpunkt, in sich zu gehen und nach Antworten zu suchen. Deine innere Weisheit hat ihre volle Kraft entfaltet, und du bist in der Lage, das große Ganze in deinem Leben zu erkennen. Diese Mondphase kann dir dabei helfen, mit alten Gewohnheiten zu brechen und Hindernisse zu überwinden.

# MONDZEICHEN

Dein Mondzeichen ist das Sternzeichen, in dem sich der Mond im Moment deiner Geburt befand. Es wirft ein bestimmtes Licht auf deine Innenwelt, verrät einiges über dein Gefühlsleben und darüber, wie du mit anderen interagierst. Im Grunde ist es der unterbewusste Teil deiner Identität, der deine Träume und Sehnsüchte beeinflusst. Während das Sonnenzeichen steuert, was man an der Oberfläche erkennt, dreht sich bei deinem Mondzeichen alles um die wirklich bedeutenden Dinge, die auf den ersten Blick nicht zu erkennen sind, genau wie der Mond in der Nacht versteckte Details der Landschaft erhellt.

Es gibt online sehr viele Tools, die dir dabei helfen, dein Mondzeichen zu bestimmen. Alles, was du dafür benötigst, ist das Datum und die ungefähre Uhrzeit deiner Geburt. Zu jedem Mondzeichen findest du weitere Informationen in diesem Buch:

# JANUAR

NAME DES VOLLMONDS

# WOLFSMOND

Sobald die Nacht beginnt und das neue Jahr anbricht, erklingt der schwermütige Ruf des Wolfes, des spirituellen Begleiters der eisigen Nebelschwaden, die das Land verhüllen. Das Heulen ist ein Ruf zu den Waffen und kündigt einen Neuanfang an, der von den alten Völkern durch den Namen dieses Vollmondes gewürdigt wird. Sie wussten, welche Macht entfesselt wird, wenn man seine Stimme erhebt. Als soziale Wesen teilen sich Wölfe die Last: Sie arbeiten zusammen und nehmen unterschiedliche Rollen im Rudel ein.

**Überleg, wie du deine Last diesen Monat verteilen kannst. Drücke aus, wie du dich fühlst, und wende dich an deine Gemeinschaft.**

## MONATLICHES NEUMONDRITUAL

Mache dir die inspirierende Energie des Neumondes zunutze, indem du Vorsätze fasst. Diese kannst du auch gut visualisieren, indem du ein Visionboard erstellst, das deine Ziele für den kommenden Monat skizziert.

**Dafür brauchst du:** Notizbuch, Kugelschreiber, Stifte, großes Blatt Papier, Auswahl an Zeitschriften oder anderen Bildern, Schere, Kleber

- Setz dich zunächst ruhig hin und leg deine linke Hand auf dein Herz. Schließe die Augen und lass die Gedanken schweifen.
- Denke an Lebensbereiche, die du gerne verbessern würdest. Entspanne dich und lass die Bilder durch deinen Geist fließen.

- Wenn du bereit bist, öffne die Augen. Schreibe jeden Gedanken in dein Notizbuch, jedes Bild oder Symbol, an das du dich erinnern kannst.
- Nimm das Blatt Papier, um darauf dein Visionboard zu entwerfen. Mach dir Gedanken, wie du es gestalten möchtest. Du hast freie Hand, verlass dich ganz auf deine Intuition. Du kannst sowohl mit verschiedenen Farben und Formen experimentieren als auch mit Zeichnungen und Fotos aus Magazinen oder Zeitungen.
- Fülle die Collage mit Bildern, Wörtern und Fotos, die repräsentieren, wie du dich fühlst und mit welchen Dingen du gerne dein Leben bereichern würdest.
- Platziere schließlich das Visionboard an einem Ort, wo du es jeden Tag siehst und so an deine Ziele erinnert wirst. Die positive Energie wird dir dabei helfen, deine Träume zu verwirklichen.

### MONDTIER IM JANUAR

## HASE

Beim Betrachten des Mondes erkennst du auf seiner Oberfläche möglicherweise die Umrisse eines Hasen mit Schlappohren. Hasen werden seit jeher mit dem Mond assoziiert und spielen eine wichtige Rolle in der ostasiatischen Folklore.

Laut dem japanischen Märchen »Tsuki no usagi« (»Mondhase«) kam der Mann im Mond einst als Bettler verkleidet auf die Erde. Er fragte jedes Tier nach etwas zu essen, doch während der Fuchs ihm frischen Fisch aus dem Fluss und der Affe frische Früchte vom Baum brachte, hatte der kleine Hase ihm nichts weiter als Gras anzubieten, weshalb er den Bettler darum bat, ein Feuer zu entzünden. Als die Flammen loderten, hängte er sich selbst als Opfergabe darüber. Dem Mann im Mond floss bei dieser selbstlosen Tat das Herz vor Liebe über, und er trug den Hasen mit sich hinauf in den Nachthimmel, wo dieser seither von der Oberfläche des Mondes zu uns herabfunkelt – als Symbol der Ehre und der Aufopferung.

## MONATLICHES VOLLMONDRITUAL

Die bereichernde Energie des Vollmonds kann dir dabei helfen, deine eigene Macht zu erkennen und dich verjüngt zu fühlen. Konzentriere dich während dieses Vollmonds ganz auf deine Selbstfürsorge und führe Atemübungen durch, um dich zu entspannen.

- Finde einen gemütlichen Ort, an dem du dich in Ruhe hinsetzen kannst. Wenn möglich, wähle einen Ort in der Nähe eines Fensters, sodass du den Mond am Himmel sehen kannst.
- Erkläre deine Absicht, indem du laut sagst: »Ich erlaube mir, mich für diesen Moment vollständig fallen zu lassen.«
- Schließe die Augen und entspanne deinen Körper. Lass die Schultern fallen, öffne die Brust und atme einmal tief durch die Nase ein.
- Visualisiere währenddessen den leuchtenden Mond über dir. Stell dir vor, dieser Atemzug ist erfüllt von Mondlicht und Liebe.
- Atme durch den Mund wieder aus und nimm dir die Zeit, sämtliche Luft entweichen zu lassen.
- Wiederhole dies für einige Minuten und lass jeden Atemzug länger werden. Konzentriere dich darauf, die wohltuende Energie des Mondes in dir aufzunehmen, in jeden Muskel und jeden Knochen.

MONDSPEISE IM JANUAR

# KOHL

Diese nahrhafte Speise, die leicht anzubauen und zuzubereiten ist, wird sowohl dem Mond als auch dem Element Wasser zugeordnet – vor allem aufgrund seiner runden Form und seiner vielschichtigen Erscheinung. Speziell Weißkohl wurde früher als heilig angesehen und am Abend vor Vollmond gepflückt, gekocht und gegessen. Dem Kohl werden zudem schützende Kräfte zugeschrieben, und er wird mit Liebe und Wohlstand assoziiert. Seine Blätter wurden bei Ritualen und Zaubersprüchen verwendet, die das Glück anziehen sollten.

## ZAUBER, UM NEUE LIEBE IN DEIN LEBEN ZU BRINGEN

**Dafür brauchst du:** kleinen Weißkohl, Messer, weißes Garn oder weißes Geschenkband

**Sprich diesen Zauber:** bei zunehmendem Mond

- Schneide den Weißkohl in zwei Hälften.
- Sprich die folgenden Worte:
  »Zwei Hälften vereint, meine Liebe erscheint.
  Harmonisch wie eins, wenn ich dies verspeis'.«
- Binde den Kohl mit dem weißen Garn oder dem weißen Geschenkband zusammen, sodass die beiden Hälften wieder ein gemeinsames Ganzes bilden.
- Schneide beide Hälften am nächsten Tag klein und iss sie – roh als Salat oder gekocht in einer Suppe oder einem Eintopf.
- Wiederhole beim Essen den magischen Reim.

MONDGOTTHEIT

# SELENE

Die Sirene und atemberaubende Schönheit Selene ist eine Titanin und die griechische Mondgöttin. Ein strahlendes Wesen, das, in einen schimmernden Umhang gehüllt, auf ihrem von geflügelten Pferden oder weißen Ochsen gezogenen Wagen über den Himmel fährt. Ihre wallenden Locken umspielen ihre Mondsichelkrone, die sie vor der samtenen Kulisse der Nacht nur noch schöner erscheinen lässt.

Sie fährt allein, während ihre wahre Liebe Endymion in einer Höhle nahe dem Gipfel des lydischen Berges Latmos schläft. Der sterbliche Hirte Endymion erhielt von Zeus Unsterblichkeit, sank daraufhin jedoch in ewigen Schlaf, was Selenes Liebe aber nicht ins Wanken bringt. Bei ihren nächtlichen Rendezvous zeugen sie viele Kinder, die zu den blinkenden Sternen werden, die ihre strahlende Mutter stets begleiten.

## ZAUBERKISSEN FÜR SÜSSE TRÄUME

Sichere dir mit ein wenig Hilfe der Mondgöttin Selene einen tiefen, traumerfüllten Schlaf wie den Endymions.

**Dafür brauchst du:** zwei Stofftaschentücher gleicher Größe, Nadel und Faden, Bündel getrockneten Lavendel, Mondstein

- Nähe die Stofftaschentücher an drei Seiten zusammen, sodass du sie auf einer Seite als Beutel befüllen kannst.
- Befülle sie mit dem Lavendel, der für die wohltuende Energie des Mondes steht, und mit dem Mondstein, der beruhigende Eigenschaften hat.
- Nähe nun auch die verbleibende Seite zu und leg den Beutel unter dein Kissen, um für einen erholsamen Schlaf zu sorgen.

SELENE

MONDZEICHEN DES MONATS

# STEINBOCK

Menschen mit Mondzeichen Steinbock sind ruhig und verantwortungsbewusst und sehnen sich nach Stabilität und Ordnung, wenn es um das tägliche Leben geht. Ihr gelassenes Äußeres dient aber eher als Schutzmechanismus gegen das Chaos, denn auch wenn sie sich Dinge oft zu Herzen nehmen, neigen sie dazu, ihre Gefühle zu verbergen und sich nur ungern anderen gegenüber zu öffnen. In Wahrheit sind sie also genauso sensibel wie jedes andere Mondzeichen, auch wenn sie nach außen gelassen wirken. Dieses Mondzeichen mag es, sich für die Gesellschaft nützlich zu fühlen und einen Beitrag zu leisten. Es ist verlässlich und vertrauenswürdig, was es zu treuen Begleiter:innen und Freund:innen macht.

## MONDZAUBER, UM EMOTIONEN FREIZUSETZEN

**Dafür brauchst du:** kleines Stück Papier, Füller, weißes Garn, Schüssel voll Wasser, Schere

**Sprich diesen Zauber:** bei abnehmendem Mond

- Setze dich zu Beginn ruhig hin und lege beide Hände über dein Herz. Atme tief ein und aus und entspanne dich.
- Lass jede Emotion an die Oberfläche steigen und erlaube deinen Gedanken zu fließen. Überlege, was dich gerade beschäftigt und wie du dich dabei fühlst.
- Notiere ein paar Sätze, um deine Emotionen zu beschreiben. Wenn du dir etwas von der Seele reden willst, ergreife diese Chance, alles aufzuschreiben.
- Rolle das Blatt ein und binde es mit dem Garn zusammen.
- Halte die Rolle über die Schüssel mit Wasser und sage:
  »Ich lass meinen Worten freien Lauf, ich bringe meine Wahrheit zum Ausdruck. Ich lass los und lass es geschehen.«
- Zerschneide das Garn, das das Blatt zusammenhält, und lass das Papier ins Wasser gleiten.
- Sprich den Zauberspruch, während die Tinte verwirbelt und sich auflöst.

# FEBRUAR

NAME DES VOLLMONDS

## SCHNEEMOND

Bitter ist der schneidende Wind, der sich über Hügel und Täler erstreckt und die geballte Kraft der Wintersonnenwende mit sich bringt. Es gibt keine Linderung gegen tödliche Kälte, und jene, die auf den Feldern arbeiteten, waren sich dessen bewusst. Aus diesem Grund ist der Vollmond im Februar als Schneemond, Knochenmond oder Eismond bekannt. Auch Hungersnöte waren weit verbreitet und endeten für viele tödlich, weshalb er auch als Hungermond bezeichnet wird. Das Wetter war rau, und jene, die sich ihm stellen mussten, fanden Trost im Blick in die Zukunft. Denn so, wie sich das Jahresrad dreht, rotieren auch die Jahreszeiten, und leichtere, hellere Zeiten stehen bevor.

**Und genau wie der Schneemond, da sei dir sicher, wirst auch du triumphieren. Wie die Urvölker hast du die Stärke und Widerstandskraft, um die Hindernisse zu überwinden, die sich dir in den Weg stellen.**

### MONATLICHES NEUMONDRITUAL

Der Neumond eignet sich gut, um reinen Tisch zu machen und Ordnung in dein Leben zu bringen. Wortwörtlich um dich herum aufzuräumen kann Klarheit bringen und dir Raum zum Atmen und Weiterkommen geben.

- Nimm dir einen bestimmten Raum vor und unterteile ihn in zwei Hälften, um diese Aufgabe überschaubar zu halten. Verbringe eine festgelegte Zeit damit, jede Zimmerseite aufzuräumen.
- Betrachte dein Hab und Gut mit frischem Blick. Überleg, ob du wirklich alles davon brauchst, ob es einen emotionalen Mehrwert für dich hat oder ob es dir nicht länger von Nutzen ist.

- Sei ehrlich zu dir, was du brauchst und wovon du dich verabschieden kannst.
- Gib jeden Gegenstand, den du nicht mehr haben möchtest, in die Recyclingtonne.
- Genieße entspannt den Raum, den du geschaffen hast.

VOLKSGLAUBEN UND ABERGLAUBEN

## KELTISCHE TRADITION

Die keltischen Druiden maßen dem Zykluswechsel des Mondes eine große Bedeutung bei. Jede neue Phase trägt Macht und Potenzial in sich, die sie zugunsten des Stammes nutzten. Saat wurde während des zunehmenden Mondes ausgesät, in der Hoffnung, dass die zunehmende Form des Mondes sie zum Wachstum anregen würde. Auch hoffte man, dass während des abnehmenden Mondes geschnittene als auch verbaute Holzsparren, die für Strohdächer verwendet wurden, gestärkt würden. Ein Kind, das während des Neumonds geboren wurde, galt als besonders gesegnet.

Auch glaubte man, dass der abnehmende Mond heilende Kräfte besitzt. Jene, die an Warzen oder Geschwüren litten, beteten zu dieser Zeit um Linderung, denn sie hofften, ihr Leid würde genauso zurückgehen wie der Mond. Bei Neumond fiel so manches ländliche Volk auf die Knie, um sich Gesundheit und Wohlstand zu wünschen. Manche bekreuzigten sich dabei, während sie nach dem zurückkehrenden Nachtgestirn Ausschau hielten, da sie sein Verschwinden für etwas Übernatürliches ansahen.

## MONATLICHES VOLLMONDRITUAL

Steht der Vollmond am Himmel, befindet er sich am Gipfel seiner Kraft. Es ist die perfekte Zeit, um nach Hilfe zu fragen, vor allem dann, wenn du Schwierigkeiten damit hast, alte Gewohnheiten zu durchbrechen, oder wenn du etwas gehen lassen musst. Lass dich von der kalten Jahreszeit inspirieren und leg deine Probleme auf Eis.

**Dafür brauchst du:** ein kleines Blatt Papier, Stift, Eiswürfelform

- Verbringe am Abend des Vollmonds ein wenig Zeit im Zustand stiller Reflexion. Denke an eine Sache, bei der du Hilfe brauchst, und versuche, sie in wenigen Worten zusammenzufassen.
- Dies hilft dir, das Problem an der Wurzel zu packen und die damit einhergehenden Emotionen zu benennen. Wenn du zum Beispiel eine ungesunde Angewohnheit ablegen möchtest, könntest du dich ängstlich oder schwach dabei fühlen. Die Worte, die du damit verbindest, sind also »Angst« und »Schwäche«.
- Schreibe diese Wörter auf das kleine Blatt Papier und zerknülle es anschließend zu einer kleinen Kugel.
- Leg diese in eine der Eiswürfelformen und übergieße sie anschließend mit Wasser.
- Stelle die Form ins Tiefkühlfach und sage:
  »Ich löse den Griff, mit dem du mich hältst, ich lass deine Macht gefrieren, ich bin frei.«
- Wenn der nächste Vollmond am Himmel steht, hole die Eiswürfelform aus der Tiefkühltruhe und lass das Mondlicht die Energie des Eises absorbieren, während es schmilzt.

MONDSPEISE IM FEBRUAR

# KOKOSNUSS

Es ist keine Überraschung, dass die Kokosnuss mit ihrem weichen, milchigen Kern, der in Dunkelheit gehüllt ist, mit dem Mond in Verbindung gebracht wird. Für die Urvölker war diese Frucht ein Symbol für den Mondzyklus und dafür, wie der Dunkelmond sich wandelt, um den leuchtenden Kern in seinem Inneren zu enthüllen. Man schrieb den Kokosschalen schützende Eigenschaften zu, weswegen sie, häufig mit Kräutern befüllt, an den Grenzen des eigenen Zuhauses vergraben wurden, um das Böse abzuwehren. In manchen Kulturen werden Kokosnüsse während einer Zeremonie zerschlagen, um Barrieren zu durchbrechen und negative Energien aufzulösen.

## ZAUBER, WENN MAN SICH VERWUNDBAR FÜHLT

**Dafür brauchst du:** Milchreis, Kokosmilch, Honig

**Sprich diesen Zauber:** an einem Abend bei abnehmendem Mond

- Bereite als Erstes den Milchreis zu.
- Gieße zwei Esslöffel Kokosmilch über den Pudding.
- Sage währenddessen:
  »Möge das Licht des Mondes mein Kokon sein.
  Nähre meine Seele und sorge für mein Wohlergehen.«
- Füge einen Tropfen Honig hinzu (er steht für Liebe und Selbstfürsorge).
- Nimm den Löffel, rühre mit ihm im Uhrzeigersinn um und wiederhole den Zauberspruch.
- Iss den Pudding und stelle dir dabei vor, wie das Mondlicht dich einhüllt.

ARTEMIS

MONDGOTTHEIT

## ARTEMIS

Artemis, die griechische Göttin der Wildtiere und der Jagd, wird allem zugeordnet, was mit dem Mond verbunden wird. Sie trägt eine Mondsichelkrone auf ihrem Haupt, während sie durch die Wälder pirscht. Artemis lässt sich von ihren Instinkten leiten und ist für ihre gute Intuition bekannt sowie für ihre Fähigkeit, die Wesen der Nacht hören und sehen zu können. Geleitet vom Licht des Mondes bewegt sie sich durch die Wildnis und findet stets einen Weg nach Hause.

Meistens wird sie dargestellt, wie sie mit den Waldnymphen durchs Dickicht streift, was ihren Freigeist und ihr Können als Jägerin unterstreicht. Sterbliche wie Götter umwerben sie – selbst ihr Jagdgefährte Orion –, doch sie alle ereilt ein grausames Schicksal. Die keusche und starke Artemis beschützt ihre Jungfräulichkeit mit allen Mitteln und tötet jeden, der es wagt, sich ihr zu nähern.

### NATURZAUBER

Verbinde dich dank der Kraft der Göttin Artemis mit der nährenden Energie der Natur.

**Dafür brauchst du:** Dekoschale, eine Auswahl an von dir gesammelten natürlichen Gaben wie Steine oder Kiesel, Blumen, Samen oder Früchte, Stift und Papier

- Fülle die Schale mit allen Dingen, die du gesammelt hast.
- Zeichne eine Mondsichel auf das Papier – Artemis' Symbol – und leg es neben die Schüssel, bevor du diese mittig auf deinem Tisch platzierst.
- Wünsche dir die heilende Energie der Natur herbei, auf dass sie durch dein Leben strömen möge.

MONDZEICHEN DES MONATS

# WASSERMANN

Im Mondzeichen Wassermann Geborene wirken häufig unnahbar. Der Grund für ihr distanziertes Verhalten ist, dass sie sich häufig selbst strenge Maßstäbe setzen. Sie wollen sich nicht von Belanglosigkeiten herunterziehen lassen und behalten lieber einen kühlen Kopf. Die Umwelt und ihre Gemeinschaft liegen ihnen am Herzen, und sie interessieren sich für humanitäre Angelegenheiten, doch kommen persönliche Probleme auf, neigen sie dazu, sich zurückzuziehen. Dieses Mondzeichen ist sehr unabhängig und meint, andere sollten dem eigenen Beispiel folgen. In Beziehungen sind sie aufgeschlossen und gewähren der anderen Person viele Freiheiten. Trotz ihres großen Bedürfnisses nach persönlichem Freiraum sind die Menschen mit Mondzeichen Wassermann sehr treu und stehen für jeden ein, der ihnen zur Seite steht.

## MONDZAUBER, UM DIE FÄHIGKEIT ZUM EIGENSCHUTZ ZU STÄRKEN

**Dafür brauchst du:** eine schwarze Kerze, ätherisches Weihrauchöl, Streichhölzer, Rauchquarz

**Nutze diesen Zauber:** während des Dunkelmonds

- Reibe die Kerze mit ein paar Tropfen des Weihrauchöls ein, das für seine erbaulichen Eigenschaften bekannt ist. Dies wird dir helfen, dich mächtiger zu fühlen.
- Entzünde die Kerze und halte den Rauchquarz in beiden Händen. Dieser wunderschöne Kristall verstärkt Energien und wird deine innere Stärke steigern.
- Schließe die Augen und nimm einen langen, tiefen Atemzug durch die Nase. Stell dir vor, wie sich der dunkle Nachthimmel schützend um deine Schultern legt. Atme aus und spüre, wie die warme, verjüngende Energie dich einhüllt.
- Atme auf diese Weise für einige Minuten weiter.
- Wenn du bereit bist, öffne wieder die Augen und lass die Kerze herunterbrennen.
- Trage den Rauchquarz immer bei dir, wenn du dich verwundbar fühlst.

# FRÜHLING

Bei Spaziergängen spüren wir die zarten Regungen des Frühlings unter unseren Füßen. Das sanfte Rumoren im Bauch der Erde kitzelt unsere Zehen mit der Verheißung neuer Möglichkeiten, und dann, ganz plötzlich, sprießen neue Triebe, die ihre schlaftrunkenen Köpfe im Mondschein baden. Es ist bloß der Anfang, der Beginn eines neuen Abenteuers. Diese Jahreszeit ist dem Neumond nicht ganz unähnlich – sie begrüßt die Dämmerung eines neuen Zyklus. Der Frühling strotzt nur so vor Möglichkeiten; so sollte man zu dieser Zeit seine Saat ausstreuen und ihr beim Wachsen zusehen. Die Ideen fallen wie Mondstaub herab, sammeln sich zu unseren Füßen, und es liegt ganz bei uns, jedes Quäntchen Licht zu nähren und die Magie willkommen zu heißen. Alles ist möglich, wenn der Mond und die Erde im Einklang sind und der Frühling erwacht.

# MÄRZ

NAME DES VOLLMONDS

# WURMMOND

Der letzte Vollmond des Winters ist da, und die Erde erwacht zu neuem Leben. Unter der Eiskruste entsteht Bewegung – zunächst zaghaft: ein Schlängeln und Winden, wenn die Würmer sich von Neuem ihren Weg bahnen. Ein neuer Zyklus hat begonnen, und um diesen Wandel zu kennzeichnen, wurde der Wurmmond geboren. Er belebt die verschiedenen Schichten der Erde neu und ist auch unter dem Namen keuscher Mond, Lenzmond oder Krähenmond bekannt. Langsam, aber sicher beginnt die Erde aufzutauen. Sie trägt Potenzial für neues Leben im Herzen.

**Dieser Vollmond sehnt sich danach, Pläne zu schmieden: Nutze die Gunst der Stunde! Lass deine Gedanken sich ihren Weg an die Oberfläche bahnen, wo sie in die Tat umgesetzt werden können.**

## MONATLICHES VOLLMONDRITUAL

Lass an diesem Vollmond deiner Fantasie freien Lauf und entfessle deine künstlerische Seite.

Schaufle dir ein wenig Zeit frei, um die Schönheit des Mondes in dir aufzunehmen. Halte ein Skizzenbuch, einen Stift und einige andere Bastelutensilien bereit:

- Nimm dir die Zeit, den Mond zu betrachten. Lass deine Gedanken schweifen und gib dich für einen Moment der »Mondträumerei« hin.
- Vielleicht hast du eine Vision, oder es ziehen unzusammenhängende Bilder vor deinem inneren Auge vorbei. Möglicherweise erlebst du unterschiedliche Emotionen, oder dir kommen willkürliche

Gedanken. Genieße es einfach, dich an der Magie des Mondes zu erfreuen.
- Verspürst du den Drang, etwas zu malen, aufzuschreiben oder vielleicht sogar ein Gedicht zu schreiben, dann leg los. Es muss nicht perfekt sein, es geht bloß darum, deiner Kreativität freien Lauf zu lassen. Möglicherweise möchtest du auch ein paar Wörter festhalten oder einfach nur herumkritzeln.
- Was du tust, muss erst einmal keinen Sinn ergeben. Du machst dir einfach die kreative Energie des Mondes zunutze und gibst dir selbst die Freiheit, dich auszudrücken.

VOLKSGLAUBEN UND ABERGLAUBEN

## TRADITIONEN DER NATIVE AMERICANS

Für die Native Americans war der Mond ein Schutzgeist, ein wachsames Auge am nächtlichen Himmel; er erstrahlte und markierte den Lauf der Zeit. Anhand seines Zyklus konnten sie die Tage und die Jahreszeiten abzählen, und so wurde der Mond zu einem Freund, der einem nicht nur den Weg erhellt, sondern auch neues Wachstum ermöglicht. Sie benannten den Vollmond je nach Jahreszeit und Zeitpunkt seines Auftretens, verliehen ihm Bedeutung und spirituelle Kraft.

Jeder Stamm hatte seine eigene Mondgeschichte: Manche verehrten seine mystische Energie, wählten ihn als ihr Stammessymbol und schnitzten ihn in ihre Totempfähle, andere verehrten sein Mysterium und hielten ihn für eines der mächtigsten Wesen des Universums. In einer ihrer Geschichten wird der Mond von einem gigantischen Kabeljau verschluckt und dann wieder von ihm ausgespuckt, als der Rauch von Stammesfeuern zu einem himmlischen Hustenanfall führt. Bei einer anderen wird er gestohlen und dann von einem durchtriebenen Kojoten in einen Fluss geworfen. Jede Erzählung ist eine Verbeugung vor dem beständigen und doch stets im Wandel befindlichen Zyklus des Mondes.

## MONATLICHES NEUMONDRITUAL

Mache dir die reinigende Kraft des Neumonds zunutze und wasche deine Aura rein von verbrauchter Energie.

Suche dir am Abend des Neumonds einen Ort, an dem du ruhig dastehen, atmen und in dich hineinhorchen kannst.

- Stelle die Füße hüftbreit auf, lass die Schultern entspannt nach hinten unten fallen und strecke deinen Rücken durch.
- Male dir im Geiste aus, wie sich eine Schicht aus Licht nach außen erstreckt und sich um deinen Körper legt.
- Stell dir vor, wie du beim Einatmen die reinigende Energie des Mondes in dieses Energiefeld ziehst. Es ist ein weißes Licht, das um deinen Körper wabert, deine Aura durchzieht und sämtliche negativen Energien beseitigt.
- Befreie beim Ausatmen gedanklich deine Aura von jeglichem Schutt, der sich im vergangenen Jahr angesammelt hat.
- Nimm dir die Zeit, deine Atmung zu verlangsamen. Stell dir bei jedem Atemzug vor, wie das weiße Licht durch deine Aura mäandert. Sage:
  »Ich bin durchdrungen von Mondlicht.«

MONDSPEISE IM MÄRZ

# PFEFFERMINZE

Auch wenn Pfefferminze vor allem der Luft zugeordnet wird, gilt sie genauso als Mondkraut, da sie in Beziehung zum Element Wasser steht. Im griechischen Mythos wurde die Wassernymphe Minthe von Persephone in eine Pflanze verwandelt (sie war eifersüchtig auf die Liebe ihres Mannes Pluto zu dem jungen Mädchen). Minthe entwickelte jedoch einen solch lieblichen Duft, dass sie zu einer der magischsten Pflanzen überhaupt wurde. Häufig wird Minze an Eingängen gepflanzt, um vor dem Bösen zu schützen. Sie wird aber auch bei Zaubersprüchen zur Verbesserung der medialen Fähigkeiten, zur Förderung von Visionen und zum Anziehen von Liebe eingesetzt.

## ZAUBER, UM DIE STIMMUNG ZU HEBEN

**Dafür brauchst du:** kleine Tasse und Untertasse, heißes Wasser, ätherisches Pfefferminzöl, ein paar getrocknete Pfefferminzblätter

- Fülle die Tasse zur Hälfte mit heißem Wasser, füge dann sechs Tropfen des ätherischen Pfefferminzöls hinzu. Dieses kraftvolle Extrakt setzt die belebenden Kräfte des Krauts frei.
- Streue die getrockneten Pfefferminzblätter in einem Kreis um die Untertasse, der den Vollmond darstellt.
- Schließe die Augen und atme das frische Aroma ein.
- Ziehe den Duft bis tief in deine Brust und deinen Bauch. Bitte währenddessen den Mond darum, deine Stimmung zu heben.

MONDGOTTHEIT

# MANI

Mani ist der nordische Mondgott, der für Reflexion und Schutz steht. Er fährt in seinem schimmernden Wagen über den Himmel. Während seine Schwester Sunna, die Sonne, am Tag über den Himmel schnellt, ist es Mani, der diese Aufgabe übernimmt, sobald die Dunkelheit hereinbricht. Die Wikinger glaubten, dass die Geschwister gemeinsam über das himmlische Königreich herrschen und den Lauf der Zeit kontrollieren.

Mani wurde mit seiner blassen, durchscheinenden Haut und seinen zum Nachthimmel passenden schwarzen Haaren als Gegenpol seiner goldblonden Schwester betrachtet. Häufig beteten sie ihn um Stärke und Heilung an. Er besaß eine beruhigende Energie und war weniger Krieger als einige seiner himmlischen Gegenspieler.

## ZAUBER FÜR EIN HARMONIEGEFLECHT

Stärke mithilfe von Manis Magie deine Freundschaften und erhöhe den Wohlfühlfaktor.

**Dafür brauchst du:** drei Fäden unterschiedlich farbiges Garn

- Flechte aus dem farbigen Garn einen Zopf und knote ihn an einem Ende zusammen.
- Wickle dir den Zopf um dein Handgelenk und binde ihn zu einem lockeren Armband zusammen, das den Mond darstellt.
- Währenddessen sage:
  »Ich schließe diesen Knoten, ich verschnüre die Enden.
  Möge sich Harmonie unserer Freundschaft zuwenden.«
- Schenke das Armband einer Person, die dir wichtig ist, um eure Bindung zu stärken.

MANI

MONDZEICHEN DES MONATS

# FISCHE

Viele würden die im Mondzeichen Fische Geborenen sicher als »verträumt« beschreiben. Diese gutmütigen Persönlichkeiten scheinen den Kopf in den Wolken zu tragen, doch das liegt nur daran, dass sie äußerst intuitive Menschen sind. Dieses Mondzeichen kann sich sehr gut in andere hineinversetzen: Es ist einfühlsam und verständnisvoll und reagiert sehr feinfühlig auf unterschiedliche Energieflüsse und Stimmungsschwankungen. Dank seines sechsten Sinns öffnet es sich oft starken Emotionen, weswegen es sich möglicherweise häufiger aus Situationen herausziehen muss, die den Geist erschöpfen. Die in den meisten Momenten gutmütigen Mondzeichen Fische haben einen kindlichen Sinn für Humor und können der strahlende Mittelpunkt einer jeden Party sein.

### ZAUBER, UM BEHERZT ZU HANDELN UND DEN MUT ZU STÄRKEN

**Dafür brauchst du:** Badewanne, Bittersalz, Kristalle, Muscheln, weiße Blütenblätter

**Sprich diesen Zauber:** bei zunehmendem Mond

- Lass ein Bad ein und füge einen Löffel Bittersalz zur Reinigung und Stärkung deiner Aura hinzu.
- Arrangiere die Kristalle und Muscheln um die Badewanne und streue die weißen Blütenblätter auf das Wasser, damit du dich besser mit der Energie des Mondes in Verbindung setzen kannst.
- Lass dich langsam ins Wasser gleiten und entspanne dich.
- Stell dir eine Kuppel aus weißem Licht vor, die aus deinem Scheitel über das Bad strömt.
- Atme tief ein und lass dich sanft für ein paar Sekunden unter Wasser gleiten. Beim Auftauchen sag:
  »Ich bin stark und bereit, Spuren zu hinterlassen!«
- Stell dir vor, du würdest von Kopf bis Fuß in einer silbernen Rüstung stecken.

# APRIL

NAME DES VOLLMONDS

## PINKER MOND

Benannt nach der pinken Flammenblume, einer Blüte, die sich wie eine Decke über die Grasebenen Nordamerikas legt, verkündet er den Frühlingsbeginn und bringt eine Welle jugendlicher Energie mit sich. Die Wärme kehrt auf die Erde zurück und bringt zögerlich mehr Helligkeit mit. Die Landschaft legt ihre verblassten Farben ab und schreitet erneut ins Licht, wenn die Frühlingsblumen in sanfter Blüte stehen. Er ist auch bekannt als Ostermond oder Hasenmond.

**Dieser Vollmond steht für Erneuerung. Es ist also an der Zeit, ins Licht zu treten. Empfange die Magie des Jahreszeitenwechsels und erkenne die Schönheit deiner eigenen Welt an.**

### MONATLICHES NEUMONDRITUAL

Genau wie der Mond durchlebst auch du verschiedene Phasen. Es gibt Tage, an denen du gar nicht anders kannst, als zu strahlen, doch an anderen willst du dich einfach nur zurückziehen und dir einen Moment nur für dich nehmen. Ehre während des Neumonds deine Stimmungswechsel, indem du dir die Zeit nimmst, in dich hineinzuhorchen und deine Gefühle zu ergründen. Dies wird dir dabei helfen, den Kopf freizubekommen, sodass du wieder genug Raum für neue Ideen hast.

- Sei im Hier und Jetzt und schärfe deine Sinne.
- Wie fühlst du dich gerade? Was geht dir durch den Kopf?
- Verbringe etwas Zeit damit, deine Gedanken und Gefühle schriftlich festzuhalten.

- Akzeptiere und würdige sie.
- Vielleicht hast du das Bedürfnis, etwas zu sagen wie: »Ich akzeptiere und würdige, wie ich mich in diesem Moment fühle.«
- Mache dir bewusst, du bist perfekt, genau so, wie du jetzt gerade bist.

VOLKSGLAUBEN UND ABERGLAUBEN

## SLAWISCHE TRADITION UND VOLKSGLAUBE

Laut slawischer Tradition ist der Mond der anbetungswürdigste aller Himmelskörper, noch vor der Sonne oder den Sternen. So mächtig, dass er jenen, die ihn verehren, sogar zu guter Gesundheit und Wohlstand verhelfen kann. Von Gebeten und Ritualen bis hin zu Rundtänzen im Licht des Vollmonds – es gibt viele Wege, seine Gunst zu gewinnen.

Während einer Mondfinsternis wurden Waffen gezogen und gen Himmel abgefeuert in der Hoffnung, die Bestie zu töten, die das Gestirn in ihren Klauen hat. Die Menschen bekundeten mit Weinen und Wehklagen ihre Bestürzung über das Schicksal des Mondes. Glücklicherweise dauerte dieser Zustand nicht lange an, da der Mond schon bald wieder sanft in sein himmlisches Zuhause zurückglitt. In den meisten slawischen Märchen ist der Mond, wie im Deutschen, männlich und wird als »Vater« oder »Großvater« bezeichnet, und in Bulgarien war es Brauch, den Mond als »Dedo Bozhe, Dedo Gospod«, also »Onkel Gott, Onkel Herr« anzurufen.

## MONATLICHES VOLLMONDRITUAL

Erwecke die weibliche Kraft und bringe deine Emotionen in Einklang, indem du in deinem Zuhause einen Mondaltar errichtest.

- Räume einen Beistelltisch oder ein Regalbrett frei und überleg dir, wie du den Bereich gerne gestalten würdest. Nutze deine Intuition. Auf einem Tisch könntest du beispielsweise ein dunkles Tischtuch drapieren, das den Nachthimmel symbolisiert. Wenn du Bilder vom Mond oder mondinspirierte Deko besitzt, könntest du diese darauf platzieren.
- Überleg dir als Nächstes, welche Kristalle und Steine du verwenden könntest: Quarz, Mondstein oder Obsidian wären eine gute Wahl.
- Eine weiße Kerze oder Teelichter könnten den Mond auch gut repräsentieren.
- Stelle auch eine Vase mit deinen weißen Lieblingsblumen hinzu oder eine Auswahl an Mondkräutern wie Rosmarin, Lavendel oder Minze.
- Setz dich zum Schluss für einen Moment vor deinen Altar und denke darüber nach, was der Mond dir persönlich bedeutet. Nutze die Zeit, darüber zu reflektieren, wie du dich fühlst und was du dir für die Zukunft wünschst. Schreibe jeden Wunsch und jede Träumerei auf und lege den Zettel in eine Schüssel auf deinem Altar.

MONDSPEISE IM APRIL

# KARTOFFEL

Diese herzhafte Knolle war ein Grundnahrungsmittel für die alten Völker. Sie brachten die Kartoffel mit der Macht des Mondes in Verbindung, zum Teil wegen ihrer Größe und runden Form, aber auch wegen der Art, wie sie wächst. Man glaubte, dass Nutzpflanzen gut gedeihen, wenn sie kurz nach Vollmond gepflanzt werden, also in der Phase des abnehmenden Mondes wachsen. Heute weiß man, dass bei schwindendem Mondlicht auch der Feuchtigkeitsgehalt abnimmt, was zu einem Wachstumsschub in der Erde führt.

## ZAUBER, UM STRESS ABZUBAUEN

**Dafür brauchst du:** kleine Kartoffel, Kartoffelschäler oder Messer, Erde

**Nutze diesen Zauber:** in der Nacht nach Vollmond

- Halte die Kartoffel in beiden Händen und rufe dir alles in Erinnerung, was dir Angst macht.
- Versuche, dich nicht zu sehr mit dem Problem zu beschäftigen, und stelle dir stattdessen vor, wie die Kartoffel die negative Energie in ihre Schale einsaugt.
- Schäle als Nächstes die Kartoffel. Es ist egal, ob du sie in mehreren oder nur einem einzigen Streifen schälst. Fahre einfach fort, bis die Schale vollständig ab ist.
- Während du die äußere Hülle entfernst, stelle dir vor, dass sich auch der Stress aus deinem Leben löst.
- Sammle die Schale ein und vergrabe sie in der Erde (entweder in einem Blumentopf oder im Freien).
- Bereite die Kartoffel so zu, wie du es magst. Danke ihr beim Essen für ihre nährende Kraft.

MONDGOTTHEIT

# JACI

Jaci, die wunderschöne brasilianische Mondgöttin und Beschützerin des Nachthimmels, wird in der Mythologie der Tupi-Guarani auch als »Mutter von allem« bezeichnet. In tiefer Liebe zur Natur herrscht sie über die Pflanzen und Tiere des Amazonas und hat nach Einbruch der Dunkelheit stets ein wachsames Auge auf sie.

Einer Legende zufolge verliebte sie sich in den Sonnengott Guaraci. Er brannte vor Leidenschaft für sie, setzte den Regenwald in Flammen und verzehrte das Land. Jaci weinte vor Qualen im Angesicht der Zerstörung, und ihre Tränen löschten die Flammen. Die Liebenden schlossen daraufhin einen Pakt, dass sie sich ihrem Volk zuliebe nicht wiedersehen dürften, doch Jacis Herz war gebrochen. Als ihre Tränen ein letztes Mal flossen, bildeten sie den Amazonas.

---

### ZAUBER FÜR EIN LUNARES SCHÖNHEITSELIXIER

Entfessle dein Strahlen mit diesem magischen Elixier, das von der Schönheit des Amazonas inspiriert ist.

**Dafür brauchst du:** frisches Wasser, kleinen Krug, rosa Rosenblätter, ätherisches Vanilleöl, Trichter, kleines Sieb, kleine Sprühflasche

- Koche das Wasser ab und befülle den kleinen Krug bis zur Hälfte damit.
- Füge die Rosenblätter und ein paar Tropfen des Vanilleöls hinzu.
- Lass die Blüten und das Öl für etwa fünf Minuten im Wasser ziehen.
- Fülle die Flüssigkeit in die kleine Sprühflasche.
- Besprühe damit leicht dein Gesicht und deinen Körper. Sage: »Ich lasse mein inneres Licht scheinen!«

JACI

MONDZEICHEN DES MONATS

# WIDDER

Das Mondzeichen Widder mag es, im Moment zu leben und den Tag zu nutzen. Gefühle sprudeln an die Oberfläche und können zu Frustrationen führen, wenn dieses Mondzeichen versucht, seine Gefühle zum Ausdruck zu bringen. Durch seine Unabhängigkeit – und seinen hitzigen Kopf – sollte man mit jeder Menge Leidenschaft rechnen, wenn der Mond in diesem Zeichen steht. Die Kombination aus handlungsorientiertem Widder und feinfühliger Mondenergie sorgt für ein interessantes Leben, denn dieser Charakter hat die Tendenz, die Dinge persönlich zu nehmen. Das bedeutet, dass die im Mondzeichen Widder Geborenen das Leben mit Sanftheit bestreiten und man dank ihrer Ehrlichkeit immer weiß, woran man bei ihnen ist und was sie sich von einem wünschen.

### MONDZAUBER, UM AUF DEINE INTUITION ZUZUGREIFEN

**Dafür brauchst du:** ein paar Blätter Papier, Stift

**Sprich diesen Zauber:** bei abnehmendem Mond

- Nimm dir ein Blatt Papier und male mittig einen Kreis darauf.
- Schreibe alles in den Kreis, wobei du Hilfe benötigst.
- Wenn du ein konkretes Problem hast, fasse es in wenigen Worten zusammen.
- Falte das Blatt dreimal, einmal für den Neumond, einmal für den Vollmond und einmal für den Dunkelmond.
- Lege das Papier vor dem Schlafengehen unter dein Kopfkissen.
- Sprich folgende Worte:
- »In dieser Nacht, in meinen Träumen
  lass meinen Kopf vor Intuition überschäumen.
  Bring mir Antworten, nach denen ich hungere,
  große Mutter Mond, während ich schlummere.«
- Bewahre die verbliebenen Blätter Papier neben deinem Bett auf und schreibe jede Vision oder Erkenntnis auf, die dir im Schlaf kommt.

# MAI

NAME DES VOLLMONDS

# BLUMENMOND

Die zarte Süße der Frühlingsblumen tänzelt auf der sanften Brise als kleine Erinnerung, dass der Mai da ist, und mit ihm auch der Blumenmond. Dieser Vollmond ist nach den hübschen Blüten benannt, die überall auf den Ästen sprießen und die Wiesen füllen, und ist auch als Milchmond und Wonnemond bekannt.

Die Blumen auf den Wiesen drehen ihre Köpfe gen Sonne, und genau wie sie können auch wir gedeihen. Nutze diese Phase, um herauszufinden, was du brauchst, um wahrlich zu erblühen.

## MONATLICHES VOLLMONDRITUAL

Erzeuge mehr positive Energie, indem du diesem Vollmond für seine Wohltaten dankst.

**Dafür brauchst du:** Notizbuch und Stift

- Verbringe im Mondschein etwas Zeit in stiller Reflexion.
- Atme tief ein und aus und lass die Mondstrahlen deinen Geist erhellen.
- Schließe die Augen und denke an all die Dinge, für die du dankbar bist. Beginne, indem du über deinen Tag und die Kleinigkeiten, die dich zum Lächeln gebracht haben, nachdenkst, und lass die Ereignisse der vergangenen Woche Revue passieren.
- Behalte diese freudigen Gedanken einen Moment in deinem Geist. Wenn du bereit bist, verfasse eine Liste aller Dinge und Taten, die dich glücklich machen.

- Wenn du damit fertig bist, lies sie dir durch und erinnere dich an jedes Gefühl, das von diesen Worten ausgelöst wird.
- Betrachte schließlich den Mond und sage: »Jede Wohltat erfüllt mein Leben mit Licht und Liebe.«

VOLKSGLAUBEN UND ABERGLAUBEN

## MONDABERGLAUBE

Es existieren viele Aberglauben rund um den Mond. Wie ein Juwel am nächtlichen Himmel hängend, muss er auf die alten Völker wie ein Zeichen Gottes gewirkt haben. Der Neumond galt als besonders verheißungsvoll, und neugeborene Kinder wurden dem Mondschein ausgesetzt, in der Hoffnung, es würde ihnen zu Stärke und guter Gesundheit verhelfen. Auch jene, die zu dieser Zeit in ein neues Heim zogen oder Hochzeit feierten, kamen in den Genuss seines Einflusses. Man glaubte, so wie der Mond zunimmt, würde auch ihr Glück stetig wachsen.

Ein Vollmond, der auf einen »Mondtag«, also den ersten Tag der Woche fällt, gilt als besonders Glück verheißend. Wenn man das Nachtgestirn frei von wildem Gestrüpp betrachtet, ist man gesegnet. Doch erblickt man ihn durch die Äste eines Baumes hindurch, ist das eine ganz andere Geschichte – dies gilt als schlechtes Omen und sollte um jeden Preis vermieden werden.

## MONATLICHES NEUMONDRITUAL

Öffne deinen Geist für neue Möglichkeiten, indem du deinen Körper in einer Reihe von Mond-inspirierten Übungen dehnst.

- Sorge für eine entspannende Umgebung, indem du etwas Lavendelöl verdampfen lässt oder eine Duftkerze anzündest. Stell sicher, dass du ausreichend Platz hast, um dich zu strecken und zu dehnen.
- Stell deine Füße hüftbreit auf, atme tief ein und strecke deine Arme über deinem Kopf aus. Spüre den sanften Zug an deiner Wirbelsäule, wenn sie sich verlängert.
- Lass beim Ausatmen deine Arme und Hände langsam nach vorne fallen, so, als würdest du gleich ins Universum eintauchen, das sich vor dir ausbreitet.
- Beuge gleichzeitig deine Hüfte, um einen kleinen Bogen zu formen, der die Mondsichel darstellt.
- Halte diese Position für einige Sekunden, atme dabei gleichmäßig weiter und denke an die Kraft der Mondsichel. Löse dich dann sanft wieder aus der Position und lass die Arme seitlich herabhängen.
- Atme noch einmal tief ein und hebe deine Arme seitlich in die Luft, so als würdest du einen Kreis um dich herum ziehen, der den Vollmond darstellt.
- Lass deine Arme beim Ausatmen wieder hängen, entspanne dich und denke an die Kraft und das Potenzial des Mondes und daran, was er dir bedeutet.

MONDSPEISE IM MAI

# MILCH

Traditionell steht Milch für die weibliche Kraft und wurde, genau wie der Mond, stets als sanft und nährend betrachtet. Sie ist ein Geschenk an die Kinder, um ihnen zu helfen, groß und stark zu werden. Der Vollmond im Mai wird häufig auch Milchmond genannt, da dies die Zeit des Jahres ist, in der Kühe und Schafe ihre Mägen mit Gras füllen und bereit sind, Milch zu produzieren. Diese ist weiß und cremig und genau wie die Oberfläche des Mondes durchdrungen von Licht und lebensspendender Energie. In der Antike galt Milch als magisches Elixier – so mystisch wie der Glanz des Mondes.

## ZAUBER ZUR STÄRKUNG DES SELBSTBEWUSSTSEINS

**Dafür brauchst du:** warmes Bad, kleines Glas Milch, Honig

**Sprich diesen Zauber:** bei zunehmendem Mond

- Lass dir ein Bad ein. Während du wartest, nimm das Glas Milch und gib einen Löffel Honig hinein. Honig hat pflegende Eigenschaften, während Milch voller heilender Mondenergie ist.
- Rühre mit einem Löffel im Uhrzeigersinn, bis der Honig sich aufgelöst hat.
- Wenn die Badewanne voll ist, füge das Milchelixier dem Wasser hinzu und mische es mit den Händen unter.
- Tauche ins Wasser ein, schließe die Augen und stell dir vor, du wärst von Kopf bis Fuß in Mondlicht getaucht.
- Wiederhole im Stillen oder laut:
  »Ich lasse mein Licht mit Liebe erstrahlen.«

MONDGOTTHEIT

# ARIANRHOD

Dieser schönen keltischen Göttin wird der Mond zugeordnet, die Fruchtbarkeit und das Weben des Schicksalsfadens. Ihr Name bedeutet »silbernes Rad« und bezieht sich sowohl auf den Kreislauf des Lebens als auch auf ihre Macht über das Schicksal. In ihrem rotierenden Schloss im Himmel, das »Caer Sidi« heißt, empfängt sie die Seelen der Toten. Hier, im keltischen Jenseits, gewährt sie ihnen eine kleine Auszeit, bevor sie über ihr endgültiges Ende entscheidet. Sie ist ein unbezähmbarer Freigeist, der viele Liebhaber hat, darunter auch einen Meermann. Ihre Beziehung zu Wasser ist eng, und ihre Fähigkeit, die Seele zu nähren und Verjüngung zu ermöglichen, wird allerorten gefeiert. Wenn ihre Anhänger:innen sie um ihre Anleitung bitten, sehen sie zum Nordstern und dem Mond empor.

### ZAUBER FÜR DEN STERN DER HOFFNUNG

Blicke optimistisch und voller Freude in die Zukunft, indem du dir einen Weg durch die Sterne webst.

**Dafür brauchst du:** eine Handvoll weißer Teelichter, Stift und Papier

- Stelle die Teelichter in Sternform auf.
- Schreibe in Großbuchstaben das Wort »Hoffnung« auf das Blatt Papier. Denke einen Moment lang nach – was würde dir gerade Hoffnung geben?
- Leg das Papier in die Mitte des Teelichtsterns.
- Entzünde die Teelichter und sage:
  »Wie der Nordstern hoch am Himmel glüht, so bin ich voll Hoffnung, meine Stimmung ungetrübt.«
- Lass die Teelichter abbrennen.

ARIANRHOD

MONDZEICHEN DES MONATS

# STIER

Das Mondzeichen Stier ist ruhig und standfest, ein geerdeter Mensch, der einen treuen Freundeskreis besitzt. Diese Persönlichkeiten strahlen Ruhe und Gelassenheit aus und meiden Emotionen und Gefühlsausbrüche in der Öffentlichkeit. Zwar genießen sie die schönen Seiten des Lebens, doch der Komfort des eigenen Zuhauses steht immer an erster Stelle, da dies der Ort ist, an dem sie sich am sichersten fühlen. Wenn es hart auf hart kommt, kann man sich ganz auf die im Stiermond geborenen Menschen verlassen. Doch auch wenn sie dank ihrer verlässlichen Art gute Freund:innen und Vertraute sind, haben andere häufig Bedenken, sie könnten in ihren Gewohnheiten feststecken. Alle mit Mondzeichen Stier mögen vielleicht stur sein, aber wenn es um die Liebe geht, sind sie beständige und loyale Begleiter:innen. Für sie kommt ihre Partnerschaft immer an erster Stelle, ihre Hingabe lässt niemals nach.

### MONDZAUBER, UM DEINE SEELE ZU BERUHIGEN

**Dafür brauchst du:** Mondstein, Topf, zwei Gläser, Wasser

**Nutze diesen Zauber:** zu jeder Mondphase

- Setze dich ins Mondlicht. Wenn es warm ist, könntest du dich ins Freie begeben, aber ein Fenster ist auch ausreichend.
- Blicke zum Mond hoch und nimm seine Schönheit in dir auf. Es ist egal, welche Form er gerade hat, der Mond leuchtet zu jeder Zeit, und selbst während der Phase des Dunkelmonds ist er stets präsent.
- Leg den Mondstein in einem sauberen Behälter ins Mondlicht.
- Bitte den Mond darum, den Stein mit seiner beruhigenden Energie aufzuladen.
- Lass den Stein über Nacht dort.
- Leg den Stein am nächsten Morgen in ein Glas und übergieße ihn mit frischem Wasser. Lass ihn dort für einige Minuten.
- Gieß das Wasser in ein frisches Glas und trinke es schlückchenweise.
- Lass dich von der beruhigenden Mondenergie erfüllen.
- Trag den Mondstein als Talisman stets bei dir.

# SOMMER

Die Natur präsentiert im Sommer voller Stolz ihre Farben und tränkt die Landschaft im Farbglanz des Regenbogens. Sie tanzt fröhlich über Felder und Wiesen, und mit einer sanften Bewegung ihres Zauberstabs dreht sie die Temperatur hoch, doch erst in der Nacht erkennen wir ihre wahre Macht. Im Schatten des Abends, wenn der Mond seinen Platz eingenommen hat, funkelt der Sommer wahrhaftig. Wie der Mond auf dem Höhepunkt seines Zyklus zu seiner vollen Größe herangewachsen ist, so steht auch die Natur in voller Blüte. Niemand kann sie noch aufhalten, und während wir ihr von unserem Erdensitz aus zusehen, treten auch wir in den Glanz des Mondscheins, breiten die Arme aus und sagen: »Mutter Mond, du bist göttlich!« Denn wenn wir uns das Potenzial der Jahreszeiten und die Energie dieses mystischen Nachtgestirns zunutze machen, können wir alles erreichen!

# JUNI

NAME DES VOLLMONDS

# ERDBEERMOND

Der Juni bringt die prallsten aller Früchte mit sich, reif und bereit, gepflückt zu werden. Doch dieser Moment dauert nur kurz, weswegen der Vollmond im Juni als Erdbeermond bezeichnet wird. Die frühen Stämme zogen ihren Vorteil aus diesem Augenblick und der unglaublichen Süße dieses Geschenks der Natur. Sie lernten, zeitlich begrenzte Chancen zu nutzen, als wären sie der reiche Lohn für all die Widrigkeiten, mit denen sie früher im Jahr zu kämpfen hatten.

**Der Vollmond bittet dich darum, in Zeiten der Not nach der Süße Ausschau zu halten, Probleme als Geschenk zu betrachten und Chancen die Möglichkeit zu geben, sich zu entwickeln.**

## MONATLICHES VOLLMONDRITUAL

Verbinde dich mit dem Energiefluss des Mondes, indem du dich mit einem geliebten Menschen auf einen achtsamen Spaziergang im Mondschein begibst.

- Warte mit deiner Begleitung, bis der Mond voll am Himmel steht. Verbringt ein paar Minuten damit, gemeinsam seine Schönheit zu würdigen.
- Nehmt euch Zeit und hetzt euch nicht. Wenn man im Freien im Mondschein umherschlendert, sollte man dieses Erlebnis richtig auskosten.
- Atmet dabei tief ein und aus und schärft eure Sinne. Habt keine Angst, auch einfach einmal schweigend nebeneinander herzugehen.

- Mache dir bewusst, was du siehst und wie anders die Landschaft im Mondlicht aussieht. Sprich mit deiner Begleitung darüber – hat er oder sie vielleicht etwas ganz anderes entdeckt als du?
- Vergegenwärtige dir, was du hörst – die Geräusche der Nacht, vom dichten Schleier der Stille bis hin zum sanften Rascheln der Tiere – alles hat seine ganz eigene Melodie. Nimm diese Musik tief in dir auf und lass sie deine Seele berühren.
- Überlegt gemeinsam, was ihr riecht und fühlt und wie der Mond das alles unterstreicht.
- Berühre den Boden mit den Händen, spüre ihn unter deinen Füßen und lausche den Bewegungen, die ihr beide in der Dunkelheit verursacht.
- Genieße den Augenblick und lass dich in Erstaunen versetzen.

### VOLKSGLAUBEN UND ABERGLAUBEN

## AFRIKANISCHE MONDMYTHEN

In Afrika symbolisiert der Mond die weibliche Macht und Stärke. Er wird der Essenz des Lebens zugeordnet und von den alten Völkern dank seines Einflusses auf die Erde und die Landwirtschaft verehrt. Mondmythen variieren von Stamm zu Stamm, doch es existieren viele Geschichten, die von der Entstehung des Mondes berichten.

Ein Märchen erzählt davon, wie Sonne und Mond einst als Mann und Frau auf der Erde zusammenlebten. Die Sonne, die wie in vielen Kulturen auch hier männlich konnotiert ist, baute ein Haus auf dem Land, das jedoch nicht groß genug war, um sein Licht aufzunehmen. Als das Wasser zu Besuch kam, zogen Mond und Sonne gen Himmel. Ein anderes Märchen legt nahe, dass es einst zwei Sonnen gab, die Rivalen waren. Sie erklärten sich einverstanden, dass sie beide ins Wasser springen und sich von der Flussströmung trennen lassen würden. Statt fair vorzugehen, überredete die eine Sonne die andere dazu, als Erste zu springen. Das Wasser entzog ihr ihr Licht, und sie verwandelte sich in den Mond.

## MONATLICHES NEUMONDRITUAL

Schätze Freundschaften und Familie und mache dir mit diesem Ritual deine Kreativität zunutze.

**Dafür brauchst du:** großes, dunkles Blatt Papier, silbernen Stift, Kleber, Glitzer

- Stell dir vor, du wärst der Mond, würdest kraftvoll und strahlend am Nachthimmel stehen. Die Sterne, die dich umgeben, sind deine Freund:innen und deine Familie, die Menschen, die dich auf deiner Erdenreise begleiten.
- Male den Mond mittig auf das Blatt Papier, male ihm dann noch einen Kranz aus Sternen, die jeweils eine geliebte Person darstellen.
- Denke an Freund:innen und Verwandte, die du lange nicht mehr gesehen hast. Male sie in den Himmel, von wo sie auf dich herabblicken.
- Berücksichtige auch Arbeitsbeziehungen, Bekannte und Menschen, mit denen noch Freundschaften entstehen können, und füge auch sie dem Bild hinzu.
- Sei kreativ und streue Glitzer, um eine wunderschöne Collage der Nacht anzufertigen.
- Wenn du fertig bist, betrachte das Bild und würdige das wunderbare, unterstützende Netzwerk aus Sternen in deinem Leben.

MONDSPEISE IM JUNI

# KAVA

Dieser buschige Strauch, der im Schatten wächst und die feuchte, lockere Erde der Pazifikinseln bevorzugt, wird aufgrund seines Verhältnisses zu Wasser dem Mond zugeordnet. Die Kava-Pflanze (manchmal auch Kava-Kava genannt) liebt den Regen und gedeiht in feuchter Umgebung. In den letzten Jahren hat sie sich zu einer Hauptzutat vieler Rezepte entwickelt, da sie bekannt ist für ihre beruhigenden Eigenschaften. Sie kann Angstzustände lindern und hilft auch bei Schlafstörungen, weshalb sie häufig bei Mondzaubern zur Beruhigung von Körper und Geist verwendet wird.

## ZAUBER FÜR EINEN ERHOLSAMEN SCHLAF

**Dafür brauchst du:** Kavawurzelpulver, Honig, Mandelmilch, Eis, Mixer, Glas, weiße Kerze, Streichhölzer

**Sprich diesen Zauber:** in der abnehmenden Mondphase

- Gib einen Teelöffel Kavawurzelpulver und einen Teelöffel Honig in einen Mixer, dann gieße ein kleines Glas Mandelmilch hinzu und gib eine Handvoll Eis hinein. Honig gilt als pflegend, und Mandelmilch wird die Energie des Mondes zugesprochen.
- Vermische alles im Mixer, bis es eine cremige Konsistenz hat.
- Gieße die Flüssigkeit in ein Glas.
- Entzünde die Kerze und verbringe ein paar Minuten damit, ihre Flamme zu betrachten. Atme tief ein und aus und fokussiere dich ganz auf das Licht – es wird dir dabei helfen, deinen Geist zur Ruhe zu bringen, während du an deinem Getränk nippst.
- Stell dir das Mondlicht wie eine weiche Decke vor. Betrachte, wie die Kerze langsam herunterbrennt, und spüre, wie sich die Decke um deine Schultern legt und dich stützt.

MONDGOTTHEIT

# THOTH

Der ägyptische Gott Thoth wird dem Schreiben, der Magie und dem Mond zugeordnet. Er ist bekannt als sanftmütiger Mediator unter den Göttern und wird häufig um Hilfe ersucht, wenn alte Rechnungen beglichen oder Verhandlungen geführt werden sollen. Als die Göttin Nut von ihrem Vater Ra verflucht wird, an keinem Tag des Jahres ein Kind zu gebären, wendet sie sich hilfesuchend an Thot. Dieser geht eine Wette mit dem Mond ein, um fünf weitere Tage im Jahr zu gewinnen, damit Nut an diesen ihre Kinder bekommen kann. So veränderte er den Jahreskalender, der seither 365 Tage hat, und wurde zum Schutzpatron von Ordnung und Gerechtigkeit.

## ZAUBER FÜR DIE KRAFT DER POESIE

Lass deine Wünsche wahr werden, indem du dir mit ein wenig Hilfe von Thoth deine inneren Sprachkünste zunutze machst.

**Dafür brauchst du:** weiße Kerze, Streichhölzer, Stift und Papier, Teelöffel

- Entzünde die Kerze und überlege dir einen Wunsch. Blicke in die Flamme und bitte den Mond um Inspiration.
- Verwandle deinen Wunsch in einen einfachen Reim, zum Beispiel: »Nach Liebe ich mich sehne, vom Kosmos sie mir entlehne. Möchte es mutig wagen, neue Wege einzuschlagen.«
- Schreibe die Worte auf das Blatt Papier und beende sie mit:
- »Was ich sehe, mein Wille geschehe.«
- Rolle das Blatt zusammen. Schöpfe mit dem Löffel ein wenig flüssiges Wachs von der Kerze und versiegle das Papier damit.
- Lass die Rolle für fünf Tage im Mondlicht liegen.

THOTH

MONDZEICHEN DES MONATS

# ZWILLING

Die im Mondzeichen Zwilling Geborenen sind häufig neugierig und an allem interessiert. Sie lieben es, neue Dinge zu lernen, und sind fasziniert vom Leben und seinen Mysterien. Der Einfluss des Mondes macht sie anpassungsfähig und lebhaft, sie flitzen von einer Sache zur nächsten und beschäftigen sich stets mit mehreren Projekten gleichzeitig. Die Mondzeichen Zwillinge sind gesprächig und gesellig. Sie mischen sich gern unter Menschen und lieben es, sich zu unterhalten. Dennoch fühlen sie sich innerlich häufig verunsichert. Manchmal haben sie mit Angstzuständen und schwachen Nerven zu kämpfen, was sie jedoch verbergen. In Beziehungen sind sie witzig und spontan, auch wenn sie dadurch nur schwer zur Ruhe kommen. Sie sind offen und haben kein Problem damit, über ihre Gefühle zu sprechen.

## MONDZAUBER, UM DEINEN GEIST ZU ERWEITERN

**Dafür brauchst du:** eine Handvoll kleiner Steine, Granatapfelkerne

**Sprich diesen Zauber:** wenige Tage vor oder bei Vollmond

- Stell dich draußen im Mondschein barfuß ins Gras.
- Ordne die Steine zu einem Kreis an, der den Vollmond darstellt, und stelle dich dann in seine Mitte.
- Nimm die Granatapfelkerne in beide Hände und sage: »Ich säe zwischen diesen Steinen die Saat, sie möge keimen. Entfache meinen Geist, mein inneres Licht, auf dass es niemals mehr erlischt.«
- Dreh dich im Kreis und verstreue die Samen in der Luft.
- Stell dir vor, hinter deinen Augen befindet sich eine Kugel aus weißem Licht. Sie erhellt den Geist und bietet Inspiration für all deine Bestrebungen.

# JULI

NAME DES VOLLMONDS

## BOCKMOND

Die üppige Wärme der Sonne erhellt die Landschaft, und die Erde reagiert darauf – sie strotzt nur so vor Leben und Energie. Die jungen Böcke, die gerade ins Erwachsenenalter kommen, sind gerüstet und bereit. Sobald das Nachtgestirn seine volle Größe erreicht hat, beginnen ihre Geweihe zu wachsen, und der Bockmond nimmt seinen Platz am nächtlichen Himmel ein. Er ist auch bekannt als Donnermond, da die Wahrscheinlichkeit von Gewittern in diesem Monat sehr hoch ist und ein starker Energiefluss herrscht.

**Es ist an der Zeit, dass du deiner Berufung folgst. Tritt ins Freie und komme in Kontakt mit deiner Umgebung. Lass dich von der Natur und dem Zauber des Monds mitreißen!**

### MONATLICHES NEUMONDRITUAL

Fange mithilfe einer einfachen Meditation, die sich die verjüngende Energie des Neumonds zunutze macht, von vorne an.

- Wenn möglich, setz dich im Freien an einen ruhigen Ort auf den Boden.
- Presse deinen Körper gegen die Erde und spüre die Verbindung zur Natur.
- Schließe die Augen und atme tief ein und aus.
- Stell dir vor, du hast einen freien Blick auf ein Tal voller grüner Wiesen und einen blauen Himmel. Konzentriere dich voll und ganz auf dieses Bild und den leeren Raum vor dir.
- Du kannst überall hingehen und alles tun, du kannst an diesem Ort jede Person sein, die du sein möchtest. Du bist der erste Mensch, der dieses Land betritt.

- Atme und entspanne dich.
- Spüre die Vielfalt an Möglichkeiten, die sich vor dir ausbreiten. Erkenne, dass du hier und jetzt die Macht hast, deine Zukunft zu gestalten.
- Wenn du bereit bist, öffne die Augen, schüttle deine Glieder aus und lächle.

VOLKSGLAUBEN UND ABERGLAUBEN

## MONDMYTHEN DER INUIT

Das Volk der Inuit glaubt, dass Sonne und Mond Geschwister sind. Die Sonne trägt den Namen Malina und der Mond den Namen Anningan. Als Kinder spielen sie zusammen in der Dunkelheit, bis sich in einer schicksalhaften Nacht Anningan an seiner Schwester vergreift. Bei dem darauffolgenden Kampf zerbricht eine Öllampe und tränkt Malinas Hände in Öl. Mit ihren öligen Fingern greift sie ihrem Bruder ins Gesicht, woraufhin sich dort schwarze Flecken bilden. Mit ihrem Bruder dicht auf den Fersen flieht sie voller Angst in den Himmel. Dort werden sie zu Sonne und Mond, auf ewig verbunden in einer kosmischen Verfolgungsjagd über den Himmel.

Laut einer Legende der Inuit ist der Mond derart besessen von seiner Schwester, dass er sogar vergisst zu essen. Während die Nächte vorübergehen, wird er immer dünner und dünner, bis er schließlich für drei Nächte ganz verschwindet. Doch er kommt immer wieder zurück, erneuert und bereit, die Jagd wieder aufzunehmen.

## MONATLICHES VOLLMONDRITUAL

Empfange die nährende Energie des Vollmonds und praktiziere etwas Selbstliebe, indem du dir eine köstliche Mahlzeit zubereitest.

**Dafür brauchst du:** ein einfaches Rezept (zum Beispiel für einen Eintopf oder eine Suppe), die Zutaten, ein paar Kerzen, Streichhölzer, Blumen

- Nimm dir ausreichend Zeit, damit du die Vorbereitungen und das Zubereiten der Mahlzeit richtig zelebrieren kannst.
- Stecke Liebe und Energie in jeden einzelnen Schritt. Schneide, mische und rühre in der Absicht, dir selbst ein köstliches Mahl zuzubereiten.
- Mache dir beim Hinzufügen jeder einzelnen Zutat bewusst, wie schmackhaft sie ist und wie gut sie dich nähren wird.
- Sei achtsam und präsent. Lass dich ganz auf das Erlebnis ein.
- Wenn die Mahlzeit fertig ist, decke den Tisch voller Liebe. Stell dir vor, du würdest dich selbst auf ein romantisches Date einladen. Dekoriere dafür den Tisch mit den Kerzen und Blumen.
- Nimm dir Zeit und genieße das Essen. Erfreue dich an jedem Bissen und sei dankbar für diese Gaumenfreude.
- Genieße diese Erfahrung und lass dich von ihr in Erstaunen versetzen.

MONDSPEISE IM JULI

# BRUNNENKRESSE

Brunnenkresse ist reich an Nährstoffen und ein medizinisches Kraftpaket. Doch in ihr steckt noch viel mehr Magie. Im Volksglauben wird sie vor allem wegen ihres Bezugs zu Wasser mit dem Mond assoziiert. Jede Pflanze, die mit Wasser in Verbindung steht, ist durchtränkt von der Energie des Mondes. Als solche besitzt Brunnenkresse eine hohe Schutzwirkung und wird häufig bei Zaubern für übersinnliche Kräfte und prophetische Visionen genutzt. Manche nehmen sie auch als Schutzamulett bei Reisen über das Meer mit.

## ZAUBER ZUR VERBESSERUNG DER INTUITION

**Dafür brauchst du:** eine Handvoll frischer Brunnenkresse, zwei Schüsseln, heißes Wasser, Sieb, etwas Tinte

**Nutze diesen Zauber:** bei abnehmendem Mond

- Leg die Brunnenkresse in eine Schüssel voll heißem Wasser und lass sie fünf Minuten ziehen.
- Gieß die Flüssigkeit in die zweite Schale, füge 3 bis 4 Tropfen Tinte hinzu und verrühre das Ganze im Uhrzeigersinn.
- Schließe die Augen. Atme ein paar Minuten lang tief ein und aus, um den Kopf freizubekommen. Wenn du bereit bist, öffne die Augen und blicke ins Wasser. Erlaube deinem Blick, sanfter zu werden, und atme langsam und tief weiter.
- Vielleicht siehst du seltsame Muster, Buchstaben oder Symbole, die über die Wasseroberfläche gleiten. Versuche nicht, einen Sinn dahinter zu erkennen, konzentriere dich allein auf deine Gedanken und Gefühle.
- Notiere dir jeden Eindruck, der hängen bleibt, da dieser eine intuitive Botschaft deines Unterbewusstseins sein könnte.

MONDGOTTHEIT

# IX CHEL

Die Mondgöttin der Maya ist unglaublich mächtig. Sie wird mit Fruchtbarkeit und Weissagung assoziiert. Ix Chel hat die Fähigkeit, ihre Gestalt zu verändern, und kann als schöne junge Frau mit einem Schnabel statt einer Oberlippe vor dich treten. Manchmal erscheint sie aber auch als weises Großmütterchen mit einer Schlangenkrone, weit aufgerissenem Maul und Krallen statt Händen und Füßen. In dieser Gestalt soll sie am prächtigsten, aber auch am grausamsten sein und für Regen und Überschwemmungen sorgen. Der Regenbogen ist eines ihrer vielen Symbole, gemeinsam mit einem umgedrehten Krug. Als Göttin, die in der Medizin bewandert ist, wird sie bei Geburten um Hilfe ersucht, damit sie Kraft spendet und Unterstützung leistet.

## ZAUBER FÜR DIE REICHTÜMER DES REGENBOGENS

Verschaffe dir eine Finanzspritze, indem du dir eines von Ix Chels berühmtesten Symbolen gemeinsam mit einer mächtigen Visualisierung zunutze machst.

**Dafür brauchst du:** eine Dusche und etwas Zeit zur Visualisierung

**Sprich diesen Zauber:** bei zunehmendem Mond

- Stell dich unter die Dusche, schließe die Augen und visualisiere einen Regenbogen über deinem Kopf: die leuchtenden Farben fließen zur Begrüßung auf dich nieder, über deinen Kopf und deinen Körper und schimmern in buntem Licht.
- Halte dieses Bild. Spüre die Wärme der Strahlen des Regenbogens, während deine Haut sie in sich aufnimmt.
- Sprich im Stillen: »Mit der Magie des Mondes und der Regenbogenfarbe bin ich bereit und frei für eine finanzielle Gabe.«

IXCHEL

MONDZEICHEN DES MONATS

# KREBS

Der Mond wird in der Astrologie dem Krebs zugeordnet und beherrscht dieses Zeichen, was diese Mondposition zu einer der emotionalsten macht. Menschen mit diesem Mondzeichen sind der Stimmung anderer gegenüber hochsensibel und verfügen über eine ausgeprägte Intuition. Allerdings lassen sie sich leicht von ihren eigenen Gefühlen übermannen und neigen dazu, in der Vergangenheit zu schwelgen. Werden sie verletzt, nehmen sie es sich sehr zu Herzen, was jedoch nicht heißt, dass sie ihre Angreifer:innen damit konfrontieren. Diese sanften Seelen wahren gern den Frieden und behalten Dinge für sich. In ihren Beziehungen ist es ihnen wichtig, sich sicher zu fühlen, und wenn man sie freundlich behandelt, erhält man diese Wertschätzung in gleichem Maße zurück. Sie sind zuverlässig und großzügig, in ihrer Gegenwart ist stets die Liebe spürbar.

### MONDZAUBER ZUR ENTWICKLUNG EMOTIONALER STÄRKE

**Dafür brauchst du:** Quarzkristall, schwarzen Schal

**Nutze diesen Zauber:** zu jedem Zeitpunkt während oder nach der Neumondphase

- Dieser Zauber entwickelt sich über zwei Abende. Leg einen Quarzkristall wie beispielsweise Rauchquarz, der Schutz und Erdung bietet, am ersten Abend im Freien ins Licht des Mondes.
- Lass den Stein dort liegen, damit er die mächtigen Mondstrahlen in sich aufnehmen kann.
- Nimm ihn am nächsten Tag wieder an dich und wickle ihn zum Schutz in den schwarzen Schal.
- Halte den Quarz an diesem Abend mittig vor deine Brust, wo sich dein Herzchakra befindet. Dies ist das Energiezentrum, das mit deinen Gefühlen in Verbindung steht.
- Schließe die Augen, atme tief ein und aus und stelle dir vor, wie du die mächtige Energie des Steins in dir aufnimmst.
- Quarz ist ein natürliches Vergrößerungsglas, was bedeutet, dass jeder Mondstrahl verstärkt wird.
- Inhaliere noch ein paar Minuten weiter die Energie des Steins.

# AUGUST

NAME DES VOLLMONDS

# STÖRMOND

Störe sind ein Symbol für Langlebigkeit und waren in den nordamerikanischen Great Lakes im Monat August reichlich vorhanden. Die fischreichen Flüsse quollen über vor silberfarbenen Schwärmen, die ein reichhaltiges Nahrungsangebot für die Stämme boten und diesem Vollmond zu seinem fischigen Spitznamen verhalfen. Er ist auch bekannt als Erntemond, Grünmaismond oder roter Mond, nach dem feurigen Glühen der Spätsommerabende.

**Dieser Vollmond ist der ideale Zeitpunkt, um die Fülle der eigenen Welt anzuerkennen. Was gibt dir das Gefühl von Reichtum, und wie kannst du dieses Geschenk mit anderen teilen?**

## MONATLICHES VOLLMONDRITUAL

Steigere deine persönliche Kraft, indem du eine Vollmondaffirmation kreierst, die positive Energie anzieht.

- Wenn möglich, führe dieses Ritual im Freien und im Schein des Mondlichts durch.
- Such dir einen Ort, wo du dich hinsetzen und in Ruhe den Nachthimmel betrachten kannst. Nimm seine Schönheit in dir auf und lass dich vom Mondschein mit Energie erfüllen.
- Schöpfe aus der Kraft der Stille, während du atmest.
- Wenn du bereit bist, denk darüber nach, durch welche Worte du dich stark fühlst. Erstelle eine Liste, wähle dann eines aus, das zu dir spricht. Zum Beispiel »lebendig« oder »stark«.
- Wenn du Schwierigkeiten damit hast, blicke zum Mond hinauf und bitte ihn um Führung.

- Baue die Worte in ein Bekenntnis ein, das sich auf das Hier und Jetzt bezieht. Du könntest sagen: »Ich bin lebendig und stark« oder »Meine lebendige Kraft strahlt mit jedem Atemzug«.
- Wiederhole die Worte laut und spüre, wie es sich anfühlt. Sprich sie voller Gefühl.
- Wiederhole das Bekenntnis bis zum nächsten Vollmond mindestens einmal am Tag.

VOLKSGLAUBEN UND ABERGLAUBEN

## DER MOND UND DIE GEZEITEN

Die Verbindung des Mondes zu den Gezeiten auf der Erde ist Gegenstand vieler Spekulationen und Volksglauben. Ein Mythos der Maori erzählt die Geschichte von Rona, der wunderschönen Tochter des Meeresgottes Tangaroa. Bekannt als »Gezeitenbeherrscherin«, ist es ihre Aufgabe, den Fluss des Wassers aus dem Ozean aufzufangen und zu kontrollieren. Eines Abends trug sie noch spät ihren Wassereimer über einen dunklen, in Schatten gehüllten Weg nach Hause. Der Mond hatte sich hinter den Wolken verborgen, und Rona konnte kaum etwas sehen. Sie stieß mit dem Fuß gegen einen Stein und fluchte wütend über das fehlende Mondlicht. Der Mond war erzürnt über ihre harschen Worte und beschloss, das Volk der Maori zu bestrafen. Er packte sich Rona und ihren Wassereimer und trug sie mit sich hinauf in den Nachthimmel. Die Maori glauben, dass Rona an Tagen, an denen sie unglücklich ist, den Eimer ausschüttet und es auf der Erde regnen lässt.

## MONATLICHES NEUMONDRITUAL

Feiere bei diesem Neumond deine Siege, um noch mehr Erfolg anzuziehen!

- Entzünde eine Kerze und richte alles für eine Feier her. Du könntest etwas Musik anmachen, dich schön anziehen und dir selbst ein Glas von deinem Lieblingsgetränk einschenken.
- Denk einen Moment lang an all die kleinen Dinge, die du bereits im Laufe dieser Woche geschafft hast. Auch kleine Siege wie das Finden eines guten Parkplatzes oder auch etwas Bedeutenderes wie das Erreichen eines sportlichen Ziels zählen.
- Erstelle eine Liste all deiner Erfolge. Wenn du Schwierigkeiten damit hast, erweitere den zeitlichen Rahmen und denke über die letzten Monate oder sogar das gesamte letzte Jahr nach.
- Sobald deine Liste fertig ist, lies sie dir durch und bestaune all die Dinge, die du geschafft hast.
- Erhebe das Glas und stoße darauf an, wie großartig du bist, dann hänge deine Liste irgendwo auf, wo du sie jeden Tag sehen kannst.

MONDSPEISE IM AUGUST

# BROT

Als Grundnahrungsmittel der Antike stärkte und nährte Brot den Menschen und wurde stets mit Gesundheit und Wohlstand assoziiert. Das Brotbrechen zur Festigung von Beziehungen und zur Förderung des Wohlbefindens hat zwischen Freunden und Nachbarn eine lange Tradition. Speziell Weißbrot wird mit dem Mond in Verbindung gebracht und ist durchdrungen von seiner Stärke. Es steht auch in Verbindung mit der ägyptischen Göttin Isis, die über den Mond herrscht, und wird bei Riten und Ritualen verwendet, um sich zu erden und positive Energie anzuziehen.

## ZAUBER ZUM VERBESSERN DER INTUITION

**Dafür brauchst du:** ein paar Scheiben Weißbrot, kleine Schüssel, Platz im Freien

**Sprich diesen Zauber:** nachts bei zunehmendem Mond

- Zerbrösle das Brot in einer Schüssel.
- Fahre mit den Fingern durch die Krümel. Denke dabei an all die Tausenden von Möglichkeiten, die sich dir auf deinem Lebensweg bieten.
- Geh nach draußen und betrachte den Mond. In der zunehmenden Phase baut er Kraft auf und verändert beständig seine Form.
- Nimm eine Handvoll Brotkrümel und streue sie in einem Kreis um dich herum. Sage:
  »Mögen die Krümel an Möglichkeiten mir zu Füßen fallen und mein Leben nähren.«
- Verstreue die Krümel weiter im Uhrzeigersinn, um positive Energie anzuziehen.

MONDGOTTHEIT

# CHANDRA

Der hinduistische Gott wird mit dem Mond und den Pflanzen in Verbindung gebracht. Er schwebt in seinem von einer Antilope gezogenen Wagen über den Nachthimmel. Mit seiner weißen Haut gleicht er einem Geist und wird häufig mit einer Keule oder Lotusblüte in den Händen dargestellt. Chandra ist mit 27 Schwestern verheiratet, hat aber eine Lieblingsfrau. Die verschmähten Frauen beschweren sich bei ihrem Vater, der bewirkt, dass Chandras Mondlicht einmal im Monat abnimmt. Voller Reue bittet dieser den Gott Shiva um Hilfe. Dieser sorgt dafür, dass der Mond jeden Monat auch wieder anwächst und zu neuer Stärke gelangt.

## MOND-LOTUS-ZAUBER

Erlange mit diesem einfachen Heilungszauber inneren Frieden.

**Dafür brauchst du:** weiße Kerzen, weißen Schal, weiße Blume, Gefäß, Wasser, Streichhölzer

- Entzünde die Kerze, die das Mondlicht darstellt. Nimm den Schal und leg ihn in sicherer Entfernung um die Kerze herum.
- Halte die Blume, die Chandras Lotus darstellt, in beiden Händen. Sage: »Lotus des Friedens, erfülle mein Herz und meinen Geist mit deiner wohltuenden Energie. Ich atme Frieden ein, ich atme Frieden aus. Ich bin Frieden.«
- Leg die Blume in etwas Wasser und stelle sie auf deiner Fensterbank ins Mondlicht.
- Nimm den Schal und wickle ihn dir um Kopf und Hals. Schließe die Augen und atme tief ein und aus.
- Ziehe den Schal an, wenn du das Bedürfnis nach Ruhe hast.

CHANDRA

MONDZEICHEN DES MONATS

# LÖWE

Menschen, die im Mondzeichen Löwe geboren sind, lieben das Rampenlicht, besonders unter Freund:innen oder Familienmitgliedern. Sie halten gerne Hof und sorgen für Unterhaltung. Sie sind charmant und kreativ, können manchmal aber ziemlich herrisch sein und wollen die meiste Zeit die Kontrolle haben. Menschen, die ihnen nahestehen, wissen sie durchaus zu schätzen – sie haben nur ein inneres Bedürfnis, alles zu organisieren. Liebe ist das, was sie wirklich antreibt, und es gefällt ihnen, umsorgt zu werden. Wenn sie das Gefühl haben, geschmäht zu werden, kochen ihre Emotionen über – doch nur im Privaten: Sie vermeiden es, ihren Ruf als Sonnenschein zu beschädigen. Sie sind bekannt für ihre Integrität: Man kann sich beim Mondzeichen Löwe stets darauf verlassen, dass es ehrlich und fair ist.

### MONDZAUBER, UM DICH IN BALANCE ZU BRINGEN

**Dafür brauchst du:** weiße und schwarze Kerze von etwa der gleichen Größe, Nadel, Streichhölzer

**Sprich diesen Zauber:** bei abnehmendem Halbmond

- Nimm beide Kerzen und ritze mit der Nadel je einen Halbmond ins Wachs. Auf einer sollte er nach rechts gebogen sein, auf der anderen nach links, sodass sie zusammengestellt einen Vollmond bilden.
- Stelle die Kerzen nebeneinander und entzünde sie.
- Betrachte die Flammen und atme tief ein und aus. Spüre, wie dein Körper und dein Geist sich entspannen.
- Atme noch einmal tief ein. Beim Ausatmen sage:
  »Mit jedem Atemzug vereinen sich mein inneres und mein äußeres Selbst, ich bin in perfekter Balance.«
- Betrachte die Kerzen eine Weile beim Herabbrennen und atme dabei weiter tief ein und aus.

# HERBST

Der Herbst zieht langsam über das Land und hüllt die Natur in seinen bernsteinfarbenen Schimmer. Er taucht die Erde sanft und ohne Eile in seine zarten Farben und gibt uns Zeit zur Reflexion. Die Herbstfarben wollen dem Sommer nicht die Show stehlen, und doch sind sie absolut preiswürdig. Und wie die leuchtenden Nuancen, die unter unseren Schritten knistern, rollt sich auch der Mond zu einer gleißenden Krone zusammen, zu einer Sichel, die sich behaglich über dem Herbstwind erhebt. Er liegt gebettet im Nachthimmel und sagt: »Sei ruhig, tritt zurück und kenne deine Wahrheit.« Und so nehmen wir uns diese Weisheit zu Herzen, horchen in dieser Zeit des Jahres in uns hinein und suchen dabei im sanften Licht des Monds nach Stärke und Inspiration.

# SEPTEMBER

NAME DES VOLLMONDS

# ERNTEMOND

Das strahlende Licht des Vollmonds erlaubte den Landwirt:innen und Feldarbeiter:innen in diesem Monat bis tief in die Nacht die Ernte einzufahren. Er liegt der Herbsttagundnachtgleiche zeitlich am nächsten, weswegen er ein echtes Kraftpaket an Möglichkeiten ist. Seine außergewöhnliche Leuchtkraft lässt die bevorstehenden Freuden erahnen. Es ist der perfekte Moment, um sich für die Fülle der Natur zu bedanken und seine Erfolge und Errungenschaften zu feiern, aber auch der ideale Zeitpunkt, um Pläne zu schmieden, sich von Altlasten zu befreien und neu zu beginnen.

Nimm diesen Monat eine dankbare Haltung an. Bedanke dich für alles Gute in deinem Leben und würdige diese Wohltaten jeden Tag.

## MONATLICHES VOLLMONDRITUAL

Zapfe deine innere Weisheit an und erschaffe mit diesem Ritual ein »Mondstein«-Orakel.

**Dafür brauchst du:** Handvoll Steine von etwa gleicher Größe und Farbe, Permanentmarker, Glücksbeutel

- Überlege dir zu Beginn einige Symbole, mit denen du deine Steine bemalen kannst. Du könntest zum Beispiel einen Stern für »Erfolg«, eine Münze für finanziellen Wohlstand, ein Herz für »Liebe« oder eine Sonne für »Freude« nehmen. Es ist ganz dir überlassen, für welche Symbole du dich entscheidest und für was sie stehen.
- Betrachte zur Unterstützung und Inspiration einen Moment lang den Mond.

- Sobald du zufrieden mit deiner Wahl bist, beginne, deine Steine mit den Symbolen zu bemalen, dann lege sie in deinen Beutel.
- Schließe die Augen und bitte den Mond um den Segen einer intuitiven Botschaft, schüttle den Beutel und ziehe einen Stein heraus.
- Lass das Symbol und das Licht des Mondes in dir nachklingen.

VOLKSGLAUBEN UND ABERGLAUBEN

## MYTHEN ZUR MONDFINSTERNIS

Genau wie der Vollmond ist auch die Mondfinsternis voll magischem Potenzial. Überall auf der Welt existieren Aberglauben zum Wesen dieses Phänomens, das manchmal auch etwas Bedrohliches an sich haben kann. In der Antike betrachtete man dieses Erlebnis als Zeit des Wandels, in der es mit hoher Wahrscheinlichkeit zu Energieverschiebungen kommt und vermehrt wichtige Ereignisse eintreten.

Im Volk der Batammariba in Togo und Benin erzählt man sich die Geschichte des noch immer andauernden Krieges zwischen der Sonne und dem Mond. Der Kampf entbrennt während einer Mondfinsternis stets aufs Neue. Während die Menschen auf der Erde sich ängstigen, geben sie ihr Bestes, einen Waffenstillstand zwischen den Planeten herbeizuführen, auf dass bald darauf wieder Friede einkehrt. Dies ist der Grund, warum die Mondfinsternis als idealer Zeitpunkt betrachtet wird, um Beziehungen zu kitten und die Harmonie innerhalb der Gemeinschaft zu fördern. In Indien verzichten manche Menschen in dieser Zeit auf Essen, da sie glauben, dass sie ansonsten unter Verdauungsproblemen leiden würden.

## MONATLICHES NEUMONDRITUAL

Stärke dein Selbstbewusstsein mit einem Ritual, das deine Talente ins Scheinwerferlicht rückt.

- Beginne damit, ein paarmal tief ein- und auszuatmen, um den Kopf freizubekommen.
- Schlage eine leere Seite deines Notizbuchs auf und zeichne einen großen Kreis, der den Mond darstellt. Dieser Kreis repräsentiert zusätzlich auch dich und die Wohltaten deines Lebens.
- Denke an all die Dinge, die dir Freude bereiten und dir guttun, und schreibe einige Worte dazu in den Kreis.
- Rufe dir deine Stärken in Erinnerung und schreibe auch diese in den Kreis.
- Nun denke an deine Talente, die Fähigkeiten, mit denen du geboren wurdest und die du ausbauen konntest. Sei ehrlich zu dir und schreibe alle Eigenschaften auf, die dich besonders machen, wie zum Beispiel »Gutherzigkeit«, »Geduld« oder »gut zuhören können«.
- Wenn du fertig bist, lies dir die Worte in deinem Mondkreis durch und würdige sie als deine Superkräfte. Überlege, wie du diese Gaben weiterentwickeln und in deinen Alltag integrieren könntest.

MONDSPEISE IM SEPTEMBER

# ZITRONE

Zwar strahlt die Zitrone leuchtend gelb, dennoch wird die saftige Frucht schon seit Langem mit dem Nachtgestirn in Verbindung gebracht, vor allem wegen ihres Flüssigkeitsgehalts. In der Magie wird sie zur Reinigung eingesetzt, da sie negative Energien beseitigen, Körper und Geist verjüngen und auch für Freude und Klarheit sorgen kann. Sie ist eine beliebte Zutat in Zaubern zum Anziehen positiver Energie und kann auch als Elixier oder Aufguss eingenommen, in Badewasser gegeben, zum Schutz des Heims um dessen Grenzen gesprenkelt oder zu dessen Reinigung als Öl verdampft werden.

---

## ZAUBER ZUM ANZIEHEN POSITIVER ENERGIE UND GLÜCK

**Dafür brauchst du:** Zitrone, Messer, Sieb, kochendes Wasser, Eimer und Mopp

**Nutze diesen Zauber:** nachts bei zunehmendem Mond

- Schneide die Zitrone in zwei Hälften und presse den Saft durch das Sieb in den Eimer. Vermische ihn mit einem Liter kochendem Wasser.
- Rühre alles mit dem Mopp durch, dann putze den Boden damit wie gewöhnlich.
- Visualisiere währenddessen einen Strahl aus Mondenergie, der sich in deinem Zuhause ausbreitet und den Boden in goldenes Licht taucht.

MONDGOTTHEIT

# CERRIDWEN

Diese mächtige keltische Göttin ist bekannt als die »Hüterin des Kessels« und steht in Verbindung mit Magie, Kreativität, Weisheit und Wiedergeburt. Sie ist eine versierte Magierin und berühmt dafür, dass sie ihrem hässlichen Sohn ein Elixier brauen wollte, um ihn schön und weise zu machen. In dem Wissen, dass es sie ein Jahr und einen Tag kosten würde, das Elixier zu brauen, überlässt sie die Aufgabe ihrem Assistenten Gwion. Der Junge geht jedoch so unachtsam vor, dass ihm einige Tropfen auf die Hand fallen, die er schnell ableckt. Durchdrungen von der Macht des Zaubers, verwandelt er sich in einen Hasen, und Cerridwen setzt ihm in Gestalt eines Windhunds nach. Im Laufe der Verfolgungsjagd nehmen beide noch weitere Gestalten an, bis Gwion sich schließlich in ein Weizenkorn verwandelt. Cerridwen nimmt die Gestalt einer Henne an und frisst das Korn.

## ZAUBER FÜR DEN KESSEL DER ERLEUCHTUNG

Stärke deine Intuition, indem du dein eigenes Elixier braust.

**Dafür brauchst du:** Kochtopf, Bündel frischen Rosmarin, kochendes Wasser, Löffel, Sieb, Tasse, Honig

- Leg den Rosmarin, der für die persönliche Macht und den Mond steht, in den Kochtopf, der Cerridwens Kessel darstellt, und übergieße ihn mit heißem Wasser. Bringe das Gemisch zum Kochen und lasse es für zehn Minuten köcheln. Rühre sanft im Uhrzeigersinn um, während du um einen magischen Segen bittest.
- Gieße die Flüssigkeit durch das Sieb in die Tasse, füge einen Teelöffel Honig hinzu. Entspanne dich und nippe an deinem Elixier.
- Achte in den nächsten Tagen darauf, ob dir deine Gedanken Antworten und Einsichten liefern.

CERRIDWEN

MONDZEICHEN DES MONATS

# JUNGFRAU

Menschen, die im Mondzeichen Jungfrau geboren sind, mögen es, Dinge voranzutreiben. Sie sind analytisch und bodenständig und nehmen sich einen Schritt nach dem anderen vor. Sie gehen vollkommen darin auf, sich um die Details zu kümmern. Dank des Einflusses der Jungfrau ist es jedoch keine Überraschung, dass dieses Mondzeichen so organisiert ist. Nichts ist ihr zu aufwendig, wenn es um andere geht, denn diese Persönlichkeit mag es, sich gebraucht und nützlich zu fühlen. Sie ist zugleich schüchtern und zurückgezogen und mag es nicht besonders, die eigenen Gefühle zur Schau zu stellen. Die Jungfrau lässt lieber Taten sprechen, wenn sie einer Person zeigen will, dass sie ihr am Herzen liegt. Routine ist ihr sehr wichtig: Sie ist extrem zuverlässig und steht anderen in schwierigen Zeiten mit Rat und Tat zur Seite.

## MONDZAUBER, UM DEN WANDEL WILLKOMMEN ZU HEISSEN UND SICH TREIBEN ZU LASSEN

**Dafür brauchst du:** Weckglas, Silbermünze, Prise Salz

**Sprich diesen Zauber:** bei zunehmendem Dreiviertelmond

- Fülle das Weckglas zu drei Vierteln mit Wasser.
- Atme ein paar Minuten lang tief ein und aus, um deinen Geist zu beruhigen. Das Glas dient als Wunschbrunnen und hilft dir, dich durch das Element Wasser mit der Kraft des Mondes zu verbinden.
- Nimm die Silbermünze in beide Hände, schließe die Augen und sage: »Hinab lass ich die Münze gleiten, in die Tiefen des Brunnens für alle Zeiten, damit sie den Zauber besiegelt, in dem meine Zukunft sich ganz klar nun spiegelt.«
- Wirf die Münze in das Weckglas. Streue eine Prise Salz zum Schutz darüber, bevor du es verschließt.
- Schüttle es sanft und beobachte, wie die Münze sich im Wasser dreht und wendet. Erinnere dich daran, dass das Leben fließt und dass es besser ist, sich treiben zu lassen, als sich dem Strom zu widersetzen.
- Stelle das Weckglas auf einer Fensterbank ins Mondlicht.

# OKTOBER

NAME DES VOLLMONDS

# JÄGERMOND

Der glänzende Schein dieses Vollmonds verleiht ihm auch den Namen Blutmond oder Weinmond, wird aber am häufigsten mit der Jagdsaison in Verbindung gebracht. Die verwaisten Felder bilden nun offene Flächen, auf denen das Wild gut sichtbar für die Jagd ist, weswegen er den Namen Jägermond trägt – ein Geschenk für die Stämme, die sich auf den bevorstehenden langen Winter vorbereiten müssen. Als Vorbote des Jahreszeitenwechsels fördert die Energie dieses Mondes den Wandel. So wie nun die Luft immer kühler wird, verändert sich auch alles andere auf elementare Weise.

---

Entspanne dich in diesem Mondmonat, lass dich treiben und heiße sämtliche Veränderungen willkommen.

## MONATLICHES VOLLMONDRITUAL

Ehre deine Ahnen und verstorbenen Angehörigen mit einem Ritual, das Liebe und Heilung fördert.

**Dafür brauchst du:** Tisch und Tischtuch, Fotografien verstorbener Angehöriger, weiße Blumen, Vase, weiße Kerze, Streichhölzer

- Stell dir vor, wie du den Tisch für ein Familientreffen deckst. Du ehrst die Verstorbenen, indem jeder Gast ein Gedeck erhält.
- Leg die Tischdecke auf und stelle die Fotografien so darauf, dass sie deinen Angehörigen ihren Platz am Tisch zuweisen.
- Stelle die Blumen in einer Vase auf die Mitte des Tischs.
- Entzünde die Kerze und setze dich an den Tisch.
- Schließe die Augen und öffne dein Herz.

- Denke an all die Menschen, die du eingeladen hast, und daran, was sie dir bedeuten. Rufe dir alle glücklichen Momente in Erinnerung und spreche jeder Person deinen Dank aus.
- Spüre die Liebe, die dich in diesem Moment umgibt, und sauge sie mit jedem Atemzug in dir auf.
- Nutze diese Zeit, um zu reflektieren, an welchem Punkt im Leben du gerade stehst und welche wundervollen Menschen dich bisher auf deiner Reise begleitet haben.

VOLKSGLAUBEN UND ABERGLAUBEN

## MONDSUCHT UND MYTHEN

In der Antike glaubte man, dass der Mond sich auf dem Gipfel der Macht befindet, wenn er in voller Größe am Nachthimmel zu sehen ist, was das Verhalten von Mensch und Tier beeinflussen könnte. Diese unberechenbare Energie brachte das englische Wort »lunacy« für »Wahnsinn« hervor, das sich vom lateinischen Wort *luna*, also »Mond«, ableitet. Man glaubte, der Sog des Mondes, der die Gezeiten verursacht, führe auch bei den Menschen zu einem seltsamen Verhalten. Die alten Griechen beobachteten bei Vollmond das Heulen der Wölfe und schufen so den Mythos des Werwolfs. Für sie war es durchaus denkbar, dass ein Mensch sich während dieser Mondphase in einen Wolf verwandelt, und ihre Volkssagen verstärkten diesen Glauben noch. Einer dieser Mythen erzählt von der Notlage Lycaons, einem sterblichen Mann, der zur Bestrafung in einen Wolf verwandelt wurde, als dieser Zeus mit einem Trick dazu bringen wollte, Menschenfleisch zu essen.

## MONATLICHES NEUMONDRITUAL

Ordne deinen Geist mit einer beruhigenden Meditation.

**Dafür brauchst du:** Heilkristallstab aus Amethyst, Kissen

- Leg dich hin und bette deinen Kopf auf dem Kissen. Halte den Amethyststab mittig über deine Stirn, wo sich das Energiezentrum deines dritten Auges befindet. Dieses hilft dir dabei, deine Intuition zu aktivieren.
- Schließe die Augen und nimm einen langen und tiefen Atemzug. Stell dir vor, dass dein Atem wie ein Lichtstrahl durch deinen Scheitel, deinen Hals entlang und in deine Brust und deinen Bauch strömt.
- Beim Ausatmen wandert dein Atemzug an beiden Beinen entlang und strömt zu deinen Fußsohlen wieder heraus.
- Atme noch eine Weile so weiter, wobei du das Licht durch deinen Kopf hinein und zu deinen Füßen wieder herausströmen lässt.
- Stell dir vor, dass jeder Atemzug von Mondlicht getränkt ist, das deinen Körper flutet und sämtliche negative Energie herausspült.
- Lenke nach ein paar Minuten deine Aufmerksamkeit auf die Mitte deiner Stirn. Stell dir vor, wie sich dort ein Fenster aus Licht öffnet und es der Mondenergie so ermöglicht, frei zu fließen.
- Erlaube es deinem Geist, sich auszudehnen, und nimm das Licht in dir auf. Atme und entspanne dich.

MONDSPEISE IM OKTOBER

# REIS

Weißer Reis gilt vor allem aufgrund seiner Farbe, die dem Mondlicht ähnelt, als Mondspeise. Er wird häufig zum chinesischen Neujahrsfest gegessen, was großes Glück anziehen soll. Er wird aber nicht nur mit dem Mond verbunden, sondern auch mit dem Element Erde in Beziehung gebracht und bei Zaubern zur Förderung von Schutz und Reichtum eingesetzt. Bei einer beliebten volkstümlichen Zauberpraxis wird eine Schüssel mit Reis an die Tür gestellt, um böse Geister abzuwehren. Man glaubte, dass die gefährlichen Wesen davon abgelenkt wären, jedes einzelne Reiskorn zu zählen, und darüber vergessen würden, das Haus zu betreten.

## ZAUBER, UM DAS GLÜCK ANZUZIEHEN

**Dafür brauchst du:** kleines, sauberes Glasgefäß mit Deckel, Tasse ungekochten weißen Reis, Silbermünze, Stift und Papier

**Sprich diesen Zauber:** zu jeder Phase innerhalb des Mondzyklus

- Fülle das Glas mit weißem Reis und lege die Silbermünze hinein, die für Erfolg und Wohlstand steht.
- Schreibe deinen Wunsch nach Glück auf das Blatt Papier. Halte es einfach, schreib etwas wie: »Mögen mein Heim und ich von Glück gesegnet sein.«
- Knüll das Blatt zu einem Ball zusammen und leg ihn in das Glas.
- Stell das Glas vor deine Eingangstür, sodass du jedes Mal, wenn du dein Zuhause betrittst oder verlässt, es schütteln und deinen Wunsch laut oder im Stillen wiederholen kannst.
- Gehe einen ganzen Mondzyklus lang so vor, um den bestmöglichen Effekt zu erzielen.

MONDGOTTHEIT

# SIN

Sin ist der mesopotamische Mondgott, der auch unter dem Namen Nanna bekannt ist. Er wird vor allem mit der Mondsichel in Verbindung gebracht und für seine Macht, Wohlstand zu schenken und die Fruchtbarkeit zu beeinflussen, vor allem bei Kuhherden der Menschen, die nahe den Sümpfen des unteren Euphrat lebten, verehrt. Sin herrscht über das Steigen und Fallen des Wassers, das Wachstum des Schilfs und auch über die Gesundheit der Viehherden und wird häufig mit Rinderhörnern auf dem Kopf dargestellt. Seine himmlische Gemahlin ist die wunderschöne Göttin des Schilfs Ningal, und ihr Sohn ist Shamash, der lebhafte Sonnengott. Für sein Volk ist Sin eine Hauptgottheit und entscheidend für ihr Überleben. Er kann auch als alter, väterlicher Mann mit langem Bart und einer Krone aus vier Hörnern auf dem Kopf in Erscheinung treten.

---

## WUNSCH-SYMBOL-ZAUBER

Sprich einen magischen Wunsch, inspiriert von Sins Beziehung zu allem, was mit Milch zu tun hat.

**Dafür brauchst du:** Käse (oder Käseersatz), Nadel oder Messer

- Überlege dir zu Beginn einen Wunsch und für was er steht. Entscheide dich für ein Symbol, das deinen Wunsch darstellt, zum Beispiel eine Münze für Wohlstand oder ein Herz für Liebe.
- Schnitze das Symbol in ein kleines Stück Käse. Sage:<br>»Dies ist mein Wunsch, es werde wahr, was ich jetzt sage,<br>von jetzt bis ans Ende aller Tage.«
- Zuletzt kannst du den Käse essen oder ihn im Freien zerbröckeln als Gabe für die Vögel.

SIN

MONDZEICHEN DES MONATS

# WAAGE

Mondzeichen Waagen erwecken gerne den Eindruck, ausgeglichen zu sein, doch tief in ihrem Innern haben sie das Bedürfnis, die Dinge in Ordnung zu bringen. Perfektion ist ihr Ziel, vor allem in Sachen Beziehungen, wobei Partnerschaften ausschlaggebend sind. Dieses Mondzeichen liebt es, geliebt zu werden, und es fühlt sich nur in einer fürsorglichen Beziehung wirklich sicher. Im Mondzeichen Waage Geborenen sind Freundschaften sehr wichtig, und sie sind lieber von Menschen umgeben als allein. Harmonie treibt sie an, doch ihre idealistische Sicht auf die Welt kann zu Unmut führen, da sie nach etwas streben, das nicht immer möglich ist. Sie haben aber auch eine entspanntere Seite und sind sehr charmant und kokett, weshalb es jede Menge Spaß bringt, sie um sich zu haben.

### MONDZAUBER, DER DIR EINEN LIEBEVOLLEN SCHUBS GIBT

**Dafür brauchst du:** ein paar weiße Teelichter, Rosenquarz, weiße Rosenblüten, Streichhölzer

**Sprich diesen Zauber:** bei abnehmendem Mond

- Beginne, indem du die Teelichter zu einer Mondsichel anordnest, welche die sanfte Kraft des abnehmenden Mondes darstellt. Diese Mondphase hilft dir dabei, dein Herz und deine Seele mit liebevoller Energie zu stärken.
- Leg den Rosenquarz mittig in den Bogen. Dieser reichhaltige Stein steht für Selbstachtung und kann dir dabei helfen, gut zu dir selbst zu sein.
- Streue die Blütenblätter um den Stein herum. Sie stellen deine natürliche Schönheit dar.
- Entzünde jedes Teelicht und verbringe ein paar Minuten damit, zu betrachten, was du geschaffen hast. Sage:
  »Ich bin genug, denn ich bin ich. Mein Herz ist frei, ich liebe mich.«
- Lass die Kerzen herunterbrennen, nimm dann den Rosenquarz wieder an dich und trage ihn als Glücksbringer der Selbstliebe stets bei dir.

# NOVEMBER

NAME DES VOLLMONDS

## BIBERMOND

Während sich die Decke des Winters über die Landschaft legt, beginnt auch das Tierreich, sich auf die bevorstehende Kälte vorzubereiten. Die Biber, die vor allem in der Nacht aktiv sind, arbeiten im Licht dieses Vollmonds eifrig an ihren Dämmen. Sie spüren den Wechsel der Jahreszeiten und das Bedürfnis, sich ins Innere ihres Baus zurückzuziehen, weswegen der Name dieses Vollmonds ihrem Anliegen Tribut zollt. Er ist ebenso als Nebelmond und Frostmond bekannt, da er die Zeit des Temperaturabfalls markiert.

**Dieser Vollmond fordert dich dazu auf, die Kreaturen des Landes anzuführen. Nimm dir die Zeit, dich zu erholen und deinen Körper, deinen Geist und deine Seele zu pflegen.**

### MONATLICHES VOLLMONDRITUAL

Tanke bei diesem Vollmond mit einer Atemübung neue Kraft, die dich beruhigt und deine Stimmung hebt.

- Schließe die Augen und stell dir vor, du sitzt hoch oben auf einem Berg im Licht des Vollmonds. Du schaust hinab, und vor dir breitet sich das Tal aus. Der Kontrast von Licht und Dunkelheit im Spiel der Schatten sorgt in dir für ein Gefühl von Ruhe und Ausgeglichenheit.
- Inhaliere die Schönheit der mondbeschienenen Landschaft.
- Zähle beim Einatmen bis vier und beim Ausatmen bis fünf, um deinen Körper und deinen Geist von negativen Energien zu befreien.

- Nimm dir bei jedem Atemzug Zeit und absorbiere die Stille. Spüre, wie sie sich in deiner Brust niederlässt, und halte sie dort fest.
- Löse dich beim Ausatmen von jedweder Angst und Furcht.

VOLKSGLAUBEN UND ABERGLAUBEN

## SIBIRISCHE MONDMYTHEN

Das sibirische Volk der Ket hat einen sehr mächtigen Mythos über die Entstehung der Mondsichel geschaffen. Ein Bruder und eine Schwester leben im Herzen des Waldes. Der Bruder erhascht einen Blick auf die Sonnentochter, die ihn mithilfe ihrer Strahlen zu sich hinauf in den Himmel trägt. Dieser ist zwar glücklich darüber, ihr Gefährte sein zu dürfen, dennoch vermisst er auch sein Zuhause und bittet die Sonnentochter darum, diesem einen Besuch abstatten zu dürfen. In seiner Abwesenheit ist seine Schwester jedoch von einer schrecklichen Hexe gefressen worden, die nun bei seiner Rückkehr versucht, auch ihn zu töten.

Der Bruder flieht auf dem Rücken eines Pferdes, doch die Hexe packt ihn mit ihren klauenartigen Fingern. Die Sonnentochter versucht verzweifelt, ihn zu befreien, doch bei dem Gerangel wird der Bruder in zwei Hälften gerissen. Die Sonne versucht alles, ihn wiederzubeleben, doch der Hälfte, die sie in den Händen hält, fehlt das Herz, und so stirbt er, immer und immer wieder. Schließlich wird er als Mondsichel auf die andere Seite des Himmels verbannt. Bloß am längsten Tag des Jahres werden Sonne und Mond wieder vereint.

## MONATLICHES NEUMONDRITUAL

Gib deiner Selbstachtung mit der Hilfe des Neumonds einen liebevollen Schubs.

- Halte dir den ganzen Abend für dich selbst frei. Stell dir vor, du wärst auf einem besonderen Date. Wie würdest du dich dabei gerne fühlen?
- Sorge mit schönen weißen Blumen, die den Mond darstellen, und Duftkerzen für die perfekte Stimmung. Verstreue Blütenblätter in einem Kreis und sichelförmig zu deinen Füßen, um damit die verschiedenen Mondphasen darzustellen.
- Setz dich hin und genieße deine eigene Gesellschaft.
- Denk an all die wundervollen Fähigkeiten und Eigenschaften, die dich so einzigartig machen. Schreibe dir selbst einen Liebesbrief, in dem du genauer auf diese eingehst.
- Beende dein Schreiben mit den Worten:
  »Ich liebe dich! Du bist wundervoll!«
- Genieße die Zeit mit dir selbst und würdige deine Schönheit.

MONDSPEISE DES MONATES

# KOPFSALAT

Der grüne, saftige Kopfsalat gilt vor allem wegen seiner leichten, häufig sogar lichtdurchlässigen Erscheinung und seines hohen Flüssigkeitsgehalts als Mondspeise. In der Antike war er ein beliebtes Nahrungsmittel, da seine Kultivierung, die häufig während des Neumonds durchgeführt wird, sehr einfach ist. Man glaubte, dass der Mond einen Einfluss auf sein Wachstum habe und daher bei zunehmendem Mond die beste Zeit zum Anbau von Kopfsalat sei. In der Magie wird er zur Heilung, zum Schutz und für den Frieden eingesetzt; er ist jedoch auch als schlafffördernd bekannt.

## ZAUBER ZUM KITTEN EINES RISSES IN EINER BEZIEHUNG

**Dafür brauchst du:** fünf große Salatblätter, Kochtopf, kochendes Wasser, Sieb, zwei Tassen, Zweig Minze, Prise gemahlene Muskatnuss

- Leg die Salatblätter in den Kochtopf und übergieße sie mit dem kochenden Wasser. Lass sie für etwa zehn Minuten ziehen.
- Fülle das Wasser in die zwei Tassen und füge ein paar Minzblätter, die Liebe und Heilung fördern, hinzu. Gib eine Prise gemahlene Muskatnuss dazu, die dem Schutz dient.
- Teile dir das magische Elixier mit der Person, der du dich gerne wieder annähern möchtest.
- Bitte beim Trinken darum, dass heilende Energien zwischen euch fließen und auch den kleinsten Riss kitten mögen.

MONDGOTTHEIT

# LUNA

Diese blasshäutige römische Göttin mit ihrem wallenden dunklen Haar wird häufig in ihrem Wagen, über den Himmel fahrend, dargestellt. Manchmal wird dieser von einem Ochsengespann gezogen, manchmal auch von zwei geschuppten silberfarbenen Drachen. Luna ist der Inbegriff von Charme, vor allem bei Vollmond. Als Schutzpatronin von allem Femininen herrscht Luna über Geburt, Fruchtbarkeit und Liebe und bot bei Wagenrennen ihren persönlichen Schutz.

Man glaubte, dass Luna jeden Monat den Neumond gebiert, was sie zur mächtigen Muttergöttin und Teil der Triade der Göttinnen macht, zu der auch Hekate, Göttin der Unterwelt, und Diana, Göttin der Erde, zählen. Ihr werden die Eule und der Rabe zugeordnet, denn Luna wird auch häufig aufgrund ihrer Intuition um Hilfe ersucht.

## GLÜCKSFEDERZAUBER

Stelle mit Lunas erbaulicher Energie einen Glücksbringer her und ziehe mit ihm das Glück an.

**Dafür brauchst du:** große weiße Feder, weißes Garn oder Geschenkband

- Leg die Feder auf einer Fensterbank ins Licht des Vollmonds und lass sie dort über Nacht liegen.
- Wickle am nächsten Morgen das Garn dreimal um den Kiel der Feder, um die himmlische Triade darzustellen, zu der Luna zählt.
- Knote das Garn fest und hänge die Feder nun in der Nähe deiner Eingangstür auf, um positive Energien in dein Zuhause zu locken.

LUNA

MONDZEICHEN DES MONATS

# SKORPION

Im Mondzeichen Skorpion Geborene sind sehr gefühlsintensiv, was sowohl ansteckend als auch angsteinflößend sein kann. Jene, die mit diesem Mondzeichen eine Beziehung eingehen, müssen sich für eine Mischung aus Leidenschaft und Drama wappnen. Das Leben mit ihnen ist alles andere als langweilig und sollte es sich doch danach anfühlen, wird das Mondzeichen Skorpion sein Bestes geben, die Dinge ordentlich aufzurütteln. Dieses Mondzeichen lebt für eine gute Herausforderung, besonders wenn es darum geht, seine Emotionen zu bewältigen. Sie sind intelligent und einfühlsam, wodurch sie Menschen und Situationen lesen können und ein Talent dafür haben, schlicht und ergreifend die Wahrheit zu »kennen«. Es kann den Anschein haben, als würden sie einem direkt ins Herz blicken, wodurch es nur noch faszinierender ist, sich mit ihnen zu umgeben.

## MONDZAUBER, UM DEN GEIST VON SORGE UND STRESS ZU BEFREIEN

**Dafür brauchst du:** Schüssel, warmes Wasser, ätherische Öle von Lavendel und Rosmarin, dunkles Tuch

**Sprich diesen Zauber:** jederzeit während des zunehmenden Halbmonds

- Befülle die Schüssel zur Hälfte mit dem warmen Wasser. Füge sieben Tropfen Lavendelöl und drei Tropfen Rosmarinöl hinzu. Lavendel fördert friedvolle Energien, und Rosmarin hat eine stark reinigende Wirkung.
- Leg das Tuch in die Schüssel und lass es dort für einige Minuten ziehen, bevor du es wieder herausnimmst und überschüssiges Wasser auswringst.
- Leg dich hin und platziere das Tuch auf deiner Stirn.
- Stell dir vor deinem inneren Auge einen Raum vor, in dem sich all deine Gedanken befinden. Nimm beim Einatmen all die ruhige Energie in dir auf, die sich wie eine sanfte Brise in dem Raum ausbreitet.
- Löse dich beim Ausatmen von Sorge und Stress, die mit jedem Atemzug aus deinem Körper weichen. Sage:
  »Jeder Atemzug lässt Friede in mich kehren, dies Geschenk halt ich bewusst nun hoch in Ehren.«

# WINTER

Der laute Ruf des Winters berührt uns in unserem Innersten. Entrückt und schutzlos erzittern wir in seinem Sog, doch dieser ist nicht gänzlich ohne Gnade. Dies ist die Jahreszeit der Liebe, in der sich alles unter die Erde zurückzieht. Die abgekühlte Welt bringt Klarheit und ein erneutes Gefühl des Erstaunens, genau wie der Dunkelmond der Seele eine kuschelige Decke bietet. Dies ist die ideale Zeit, um zu reflektieren, sich zu erfreuen und sich der Imagination hinzugeben, sich von der Vergangenheit und den verwelkten Blättern der Reue loszusagen, die uns an sich binden und uns sagen: »Ich bin hier, dies ist mein Wesen.« Wenn wir die Macht dieser Jahreszeit und des Dunkelmonds willkommen heißen, haben wir den Kreislauf einmal durchlaufen und gelernt, uns treiben zu lassen, und sind nun bereit, unsere wahre Natur zu akzeptieren.

# DEZEMBER

NAME DES VOLLMONDS

# KALTER MOND

Während sich der beißende Frost über die Landschaft legt, wirft der Kalte Mond seinen geisterhaften Glanz darüber. Er ist benannt nach dem rauen Wetter, das an seinen Strahlen haftet, ist aber ebenso bekannt als Julmond, da er die Wintersonnenwende verkündet, oder als Mond der langen Nacht. Im Himmel hält er für jedermann sichtbar Hof, sein sphärisches Licht dringt mit seinen geisterhaften Fingern unter die Haut, auf der Suche nach dem, was wirklich zählt.

**Es ist an der Zeit, den Schmerz anzuerkennen und sich von ihm loszusagen. Bahne dir deinen Weg in die Zukunft und vertraue darauf, dass du bereits alle Antworten kennst, die du dafür benötigst.**

## MONATLICHES VOLLMONDRITUAL

Bastle eine Erinnerungskiste, um positive Energien zu stärken.

**Dafür brauchst du:** dekorative Kiste, jede Menge Buntpapier, Stift, Fotografien, andere bedeutsame Erinnerungsstücke

- Denke zu Beginn darüber nach, wie du deine Kiste individuell gestalten möchtest. Du könntest sie mit buntem Seidenpapier auskleiden, sie mit Schmucksteinen, Perlen und Glitzer verzieren oder auf andere Weise dekorieren.
- Erstelle eine Liste mit besonderen Erinnerungen und schreibe zu jeder ein paar Wörter auf je einen Zettel. Füge Fotografien oder andere Erinnerungsstücke hinzu, die dich an glückliche Zeiten erinnern.
- Schreibe bedeutungsvolle Zitate oder Gedichte dazu, die dir helfen, wichtige Momente in Erinnerung zu rufen.

- Sobald du die Kiste befüllt hast, nimm dir die Zeit, sie mindestens einmal in der Woche zu öffnen und dir eine bestimmte Erinnerung anzusehen. Lass den Moment wieder aufleben und genieße die freudigen Emotionen, die du damit verbindest.
- Füge deiner Kiste stets neue Erinnerungen hinzu, sobald sie geschehen, um die positive Energie aufrechtzuerhalten.

VOLKSGLAUBEN UND ABERGLAUBEN

## MONDFRESSENDE MONSTER

In der Region Bicol auf den Philippinen erzählt man sich Geschichten über ein mondfressendes Monster namens Bakunawa. Dieses gewaltige, schlangenartige Wesen steigt aus dem Meer empor, um den Mond zu verschlingen. Ursprünglich lebte es als atemberaubende Göttin, die sich in den Mondgott Bulan verliebte. Sie versuchte alles, um seine Gunst zu gewinnen. Sie erhellte den Himmel mit Sternen und sandte ihm die lieblichsten Vögel, auf dass sie für ihn singen mögen. Unglücklicherweise erwiderte Bulan ihre Liebe nicht. In ihrer Wut verwandelte sie sich in eine schuppige Schlange und versuchte in dieser Gestalt, sowohl Bulan als auch seine Schwester Haliya, die Göttin des Mondlichts, zu verschlingen, schaffte es jedoch nicht, sie zu bezwingen. Der höchste Gott war erzürnt über ihr Verhalten und verfluchte sie zur Bestrafung dazu, für alle Zeit in dieser dämonischen Gestalt zu verweilen. Bakunawa hat bis heute nicht aufgehört, Bulan und Haliya zu bedrängen, doch die beiden schützen sich, indem sie jeden Monat Teile von sich verbergen.

## MONATLICHES NEUMONDRITUAL

Visualisiere deine Zukunft mit einem Ritual, das dein Herz und deinen Geist öffnet und dir neue Möglichkeiten aufzeigt.

**Dafür brauchst du:** mehrere Kissen, Decke, einen Ort, an den du dich setzen kannst – am besten mit Blick auf den Nachthimmel

- Platziere die Kissen so, dass du dich bequem daraufsetzen kannst. Kuschel dich in die Decke ein. Stell dir das Ganze wie einen geschützten Raum vor, an dem du dich entspannen und über deine Zukunft nachdenken kannst.
- Blicke hoch in den Nachthimmel, in die Weite der Dunkelheit und die unendlichen Möglichkeiten, die sich dir dort bieten.
- Atme tief ein und aus und spüre die Ruhe.
- Schließe die Augen und mal dir deine Zukunft aus. Denk zu Beginn an ein Ereignis in der nahen Zukunft oder besinne dich auf die Möglichkeiten in einem Monat oder einem halben Jahr.
- Stell dir einen Film vor, der dir zeigt, was geschieht. Beobachte dich selbst, wie du deine Ziele erreichst, Spaß hast, dich mit den Menschen umgibst, die dir wichtig sind, die Anerkennung erhältst, die dir zusteht, wie du im Licht stehst und alles fest im Griff hast.
- Lass dich mit all deinen Gefühlen und Sinnen darauf ein, um alles so real wie möglich werden zu lassen.
- Wenn du so weit bist, öffne die Augen und schüttle dich kurz durch. Mache dir bewusst, dass deine Gedanken deine Träume wahr werden lassen können.

MONDSPEISE IM DEZEMBER

# GEWÜRZNELKEN

Traditionellerweise stehen Gewürznelken mit dem Element Feuer und dem Planeten Jupiter in Verbindung, sie weisen aber auch eine starke Verbindung zum Mond auf und werden häufig in der Zeit des Neumonds bei Ritualen und Zaubern eingesetzt. Früher wurden sie verbrannt, um das Heim von negativen Energien zu reinigen, in Duftkissen verwendet oder zum Schutz und zum Verhindern von Gerede zermahlen an Grenzen entlang und auf dem Boden verstreut. Ihr warmer, aromatischer Duft wird häufig mit der Weihnachtszeit assoziiert.

## ZAUBER ZUR FÖRDERUNG VON FREUNDSCHAFT UND HARMONIE

**Dafür brauchst du:** große Orange, Schäler, Dekoschale, 3 bis 4 Pinienzapfen, Handvoll Gewürznelken

**Nutze diesen Zauber:** am besten während des Neumonds

- Schäle die Orange, teile sie in Spalten und lege von der Schale ein wenig für später beiseite.
- Arrangiere die Orangenspalten zusammen mit den Pinienzapfen in der Dekoschale. Orangen stehen für Fröhlichkeit und Pinienzapfen für Glück.
- Verstreue die Gewürznelken darüber. Formuliere währenddessen den Wunsch, dass unter den wohlwollenden Strahlen des Neumonds Freundschaft gedeihen und Freude sich verbreiten möge.
- Verstreue nun auch die Orangenschale darüber.
- Stelle die Dekoschale zu Mahlzeiten oder bei Besuch von Freund:innen oder Familie mittig auf deinen Tisch, um die Harmonie und den Gesprächsfluss zu fördern.

MONDGOTTHEIT

# HEKATE

Bekannt als Königin der Hexen und Göttin der Weggabelungen, trägt Hekate sehr viel Verantwortung auf ihren Schultern. Sie steht für Magie und Weissagung und wandelt an dunklen Orten wie der Unterwelt oder der tiefsten Nacht, um dort mit ihrem Mondschein für Licht zu sorgen. Als dreifaltige Göttin umfasst sie die drei Aspekte der Weiblichkeit: Jungfrau, Mutter und alte Weise, wobei sie am liebsten als Letztere in Erscheinung tritt, da sie in dieser Gestalt von ihrer Weisheit Gebrauch machen kann. Sie trägt in der Regel eine Fackel mit sich und wird von einem Rudel Hunde begleitet. Früher glaubte man, dass man sich bei Dunkelmond an eine Weggabelung stellen muss, um einen Blick auf die Göttin zu erhaschen.

---

## KERZENZAUBER FÜR DIE MAGIE DER WEGGABELUNGEN

Mache dir Hekates Weggabelungen zunutze, um dich zwischen zwei Wegen zu entscheiden.

**Dafür brauchst du:** Blatt Papier, Stift, schwarze Kerze, Streichhölzer

- Male ein großes Kreuz auf das Blatt Papier. Schreibe entlang der horizontalen Linie eine Vorgehensweise auf, entlang der vertikalen die andere. Platziere die Kerze in der Mitte und entzünde sie.
- Schließe die Augen und bitte Hekate, dich mit deiner inneren Weisheit in Einklang zu bringen. Sage: »Ich kenne die Antwort, den Pfad zu beschreiten, möge das Licht mich auf diesem Weg leiten.«
- Öffne die Augen und betrachte die Flamme. In welche Richtung neigt sie sich? Bevorzugt sie eine Richtung?
- Konzentriere dich einen Moment ganz auf die Flamme. Suche in deinen Gedanken nach Zeichen, die dir helfen, weiterzukommen.

HECATE

MONDZEICHEN DES MONATS

# SCHÜTZE

Mondzeichen Schützen sind sehr gesellig und aufgeschlossen. Sie lieben nichts mehr, als neue Dinge auszuprobieren und etwas über eine andere Kultur oder Lebensweise zu lernen. Sie teilen ihr Wissen auch gerne mit anderen. Der ihnen angeborene Glaube, dass sich alles immer zum Guten wendet, sorgt dafür, dass sie so gut wie nichts im Voraus planen und lieber in den Tag hineinleben. Sie sind freiheitsliebend und temperamentvoll, weswegen sie sich nicht einengen lassen und ernsthafte Verpflichtungen meiden – außer sie erlauben ihnen ein hohes Maß an Freiheit. So genießen sie die Gesellschaft anderer, suchen jedoch das Weite, wenn sich emotionale Dramen anbahnen. Das Reisen steht weit oben auf ihrer Prioritätenliste, und sie verweilen nie lange an einem Ort, weshalb ihnen auch nie der Gesprächsstoff ausgeht!

### MONDZAUBER, UM DEINE KOMFORTZONE ZU VERLASSEN

**Dafür brauchst du:** Papier, Stift, Zweig Rosmarin, feuerfeste Schale, schwarzer Pfeffer, Streichhölzer

**Sprich diesen Zauber:** während sich der Vollmond aufbaut

- Stell dir vor, du könntest alles tun, was du möchtest, oder an jeden Ort der Welt reisen. Was würdest du gern tun? Selbst wenn der Traum dir unerreichbar erscheint, stell es dir vor und überleg, wie es sich anfühlen würde, ihn dir zu erfüllen.
- Überleg, welches Wort diese Erfahrung gut zusammenfasst. Zum Beispiel »Aufregung« oder »Spaß«. Schreibe es auf einen Zettel.
- Leg ein paar Zweige Rosmarin in die Schale. Dieses Kraut stellt die persönliche Macht dar und steht in Verbindung mit der Energie des Mondes.
- Streue zum Schutz eine Prise schwarzen Pfeffer darüber.
- Nimm die Streichhölzer und schwenke den Zettel durch die Flamme, bevor du ihn in die Schale fallen und verbrennen lässt. Sage:
  »Ich wünsche, ich hoffe, ich erkenne.
  Möge ich mir meinen Traum erfüllen,
  sowie ich diese Schrift verbrenne.«

## 2024 MONDPHASEN

MITTELEUROPÄISCHE ZEIT

| Neumond ○ | Erstes Viertel ◐ | Vollmond ● | Letztes Viertel ◑ |
|---|---|---|---|
| 11. Januar | 18. Januar | 25. Januar | 4. Januar |
| 9. Februar | 16. Februar | 24. Februar | 2. Februar |
| 10. März | 17. März | 25. März | 3. März |
| 8. April | 15. April | 24. April | 2. April |
| 8. Mai | 15. Mai | 23. Mai | 1., 30. Mai |
| 6. Juni | 14. Juni | 22. Juni | 28. Juni |
| 5. Juli | 13. Juli | 21. Juli | 28. Juli |
| 4. August | 12. August | 19. August | 26. August |
| 3. September | 11. September | 18. September | 24. September |
| 2. Oktober | 10. Oktober | 17. Oktober | 24. Oktober |
| 1. November | 9. November | 15. November | 23. November |
| 1., 30. Dezember | 8. Dezember | 15. Dezember | 22. Dezember |

## 2025 MONDPHASEN

MITTELEUROPÄISCHE ZEIT

| Neumond ○ | Erstes Viertel ◐ | Vollmond ● | Letztes Viertel ◑ |
|---|---|---|---|
| 29. Januar | 6. Januar | 13. Januar | 21. Januar |
| 28. Februar | 5. Februar | 12. Februar | 20. Februar |
| 29. März | 6. März | 14. März | 22. März |
| 27. April | 5. April | 13. April | 21. April |
| 27. Mai | 4. Mai | 12. Mai | 20. Mai |
| 25. Juni | 3. Juni | 11. Juni | 18. Juni |
| 24. Juli | 2. Juli | 10. Juli | 18. Juli |
| 23. August | 1., 31. August | 9. August | 16. August |
| 21. September | 30. September | 7. September | 14. September |
| 21. Oktober | 29. Oktober | 7. Oktober | 23. Oktober |
| 20. November | 28. November | 5. November | 12. November |
| 20. Dezember | 27. Dezember | 4. Dezember | 11. Dezember |

## 2026 MONDPHASEN

MITTELEUROPÄISCHE ZEIT

| Neumond ○ | Erstes Viertel ◐ | Vollmond ● | Letztes Viertel ◑ |
|---|---|---|---|
| 26. Januar | 5. Januar | 12. Januar | 18. Januar |
| 25. Februar | 3. Februar | 10. Februar | 17. Februar |
| 26. März | 4. März | 11. März | 17. März |
| 24. April | 2. April | 9. April | 16. April |
| 24. Mai | 2., 31. Mai | 8. Mai | 16. Mai |
| 22. Juni | 29. Juni | 7. Juni | 15. Juni |
| 22. Juli | 28. Juli | 6. Juli | 14. Juli |
| 20. August | 27. August | 5. August | 13. August |
| 18. September | 25. September | 4. September | 12. September |
| 18. Oktober | 25. Oktober | 3. Oktober | 11. Oktober |
| 16. November | 24. November | 2. November | 9. November |
| 16. Dezember | 23. Dezember | 2., 31. Dezember | 9. Dezember |

## 2027 MONDPHASEN

MITTELEUROPÄISCHE ZEIT

| Neumond ○ | Erstes Viertel ◐ | Vollmond ● | Letztes Viertel ◑ |
|---|---|---|---|
| 18. Januar | 26. Januar | 3. Januar | 10. Januar |
| 17. Februar | 24. Februar | 1. Februar | 9. Februar |
| 19. März | 25. März | 3. März | 11. März |
| 17. April | 24. April | 2. April | 10. April |
| 16. Mai | 23. Mai | 1., 31. Mai | 9. Mai |
| 15. Juni | 21. Juni | 30. Juni | 8. Juni |
| 14. Juli | 21. Juli | 29. Juli | 7. Juli |
| 12. August | 20. August | 28. August | 6. August |
| 11. September | 18. September | 26. September | 4. September |
| 10. Oktober | 18. Oktober | 26. Oktober | 3. Oktober |
| 9. November | 17. November | 24. November | 1. November |
| 9. Dezember | 17. Dezember | 24. Dezember | 1., 30. Dezember |

## 2028 MONDPHASEN

MITTELEUROPÄISCHE ZEIT

| Neumond ○ | Erstes Viertel ◐ | Vollmond ● | Letztes Viertel ◑ |
|---|---|---|---|
| 7. Januar | 15. Januar | 22. Januar | 29. Januar |
| 6. Februar | 14. Februar | 20. Februar | 28. Februar |
| 8. März | 15. März | 22. März | 30. März |
| 7. April | 13. April | 20. April | 28. April |
| 6. Mai | 13. Mai | 20. Mai | 28. Mai |
| 4. Juni | 11. Juni | 19. Juni | 27. Juni |
| 4. Juli | 10. Juli | 18. Juli | 26. Juli |
| 2., 31. August | 9. August | 17. August | 25. August |
| 30. September | 7. September | 16. September | 23. September |
| 29. Oktober | 7. Oktober | 15. Oktober | 22. Oktober |
| 28. November | 6. November | 14. November | 21. November |
| 27. Dezember | 6. Dezember | 13. Dezember | 20. Dezember |

## 2029 MONDPHASEN

MITTELEUROPÄISCHE ZEIT

| Neumond ○ | Erstes Viertel ◐ | Vollmond ● | Letztes Viertel ◑ |
|---|---|---|---|
| 14. Januar | 22. Januar | 30. Januar | 7. Januar |
| 13. Februar | 21. Februar | 28. Februar | 5. Februar |
| 15. März | 23. März | 30. März | 7. März |
| 13. April | 21. April | 28. April | 5. April |
| 13. Mai | 21. Mai | 27. Mai | 5. Mai |
| 12. Juni | 19. Juni | 26. Juni | 4. Juni |
| 11. Juli | 18. Juli | 25. Juli | 3. Juli |
| 10. August | 16. August | 24. August | 2. August |
| 8. September | 15. September | 22. September | 1., 30. September |
| 7. Oktober | 14. Oktober | 22. Oktober | 30. Oktober |
| 6. November | 13. November | 21. November | 28. November |
| 5. Dezember | 12. Dezember | 20. Dezember | 28. Dezember |

## DIE AUTORIN

Alison Davies ist professionelle Geschichtenerzählerin mit einem großen Interesse an Mythologie, Spiritualität und der Natur. Als Autorin veröffentlichte sie bereits über dreißig Bücher, darunter *The Mystical Year*. Darüber hinaus leitet sie Schreibworkshops an Universitäten in ganz England.

## DANKSAGUNG

Ich möchte meiner brillanten Lektorin Sofie dafür danken, dass sie mir geholfen hat, dieses Buch in Form zu bringen und es zu etwas wahrlich Besonderem zu machen. Auch der großartigen Anastasia möchte ich für ihre atemberaubende Kunst und das wunderschöne Cover danken. Ein weiterer Dank geht an die Designerin Katy für ihr gutes Auge und dafür, dass sie jede Seite herausstechen lässt. Dank der Magie dieser drei und dem Rest des Quadrille-Teams strahlt dieses Buch so hell wie das Nachtgestirn, dem zu Ehren es geschrieben wurde.

# IMPRESSUM

Titel der Originalausgabe:
*The Lunar Year. Moon Magic Through The Seasons*
Erschienen bei Quadrille, einem Imprint von Hardie Grant Publishing


Deutsche Erstausgabe

Ein Unternehmen der Média-Participations

Projektleitung und Lektorat: Pia Clemente, Knesebeck Verlag
Übersetzung: Janika Krichtel, Flonheim
Umschlagadaption: Leonore Höfer, Knesebeck Verlag
Satz: Gunnar Musan, Neumünster
Korrektorat: Asta Machat, München
Druck: Leo Paper Products
Printed in China

ISBN 978-3-95728-803-5



www.knesebeck-verlag.de

FSC www.fsc.org
MIX
Paper | Supporting responsible forestry
FSC™ C020056